Annette Wolter

Der Graupapagei

Experten-Rat für Anschaffung, Eingewöhnung,
Pflege, Ernährung und Gesunderhaltung
Auch für Anfänger in der Vogelhaltung

Mit Farbfotos bekannter Tierfotografen
und Zeichnungen von Fritz W. Köhler

G|U

Die Farbfotos auf dem Buchumschlag zeigen:
Umschlag-Vorderseite: Zwei Graupapageien (großes Foto), Graupapagei in Bananenstaude (kleines Foto).
Umschlagseite 2: Zahmer Graupapagei mit Kind.
Umschlagseite 3: Graupapagei und Gelbstirnamazone.
Umschlag-Rückseite: Graupapageien sind geschickte Kletterer.

Die Fotografen:
Gosebruch: 9; Hammel: 28 u., 47 o.; Lange: U1 (kleines Foto), Reinhard: U1 (großes Foto), 11, 38, U4; Skogstad: U2; Wothe: 28 o.r., o.l., 37, 47 u., 48, U3

Wichtig: Damit die Freude am Graupapagei als Heimtier ungetrübt bleibt, beachten Sie bitte die »Wichtigen Hinweise« auf Seite 53.

Umschlaggestaltung: Heinz Kraxenberger
Druck und Verarbeitung:
sachsendruck GmbH, Plauen

ISBN 3-7742-3095-1

Auflage	9.	8.	7.	6.
Jahr	2008	2007	2006	2005

Artenschutz
Seit dem 1. 6. 97 gilt in der Europäischen Union (EU) die EG-Verordnung Nr. 338/97 zum Artenschutz, die das Washingtoner Artenschutzübereinkommen (WA) umsetzt und einheitlich für die Länder der EU Ein- und Ausfuhr sowie die Vermarktung der geschützten Tier- und Pflanzenarten regelt. Entsprechend dem Grad ihrer Gefährdung werden die geschützten Tiere und Pflanzen in vier Anhängen aufgelistet. Der Graupapagei gehört zum Anhang B der EG-Verordnung beziehungsweise zum Anhang II des WA.
Anhang B enthält im wesentlichen Arten des WA Anhang II. Eine kontrollierte Naturentnahme ist bei diesen Arten möglich, sie dürfen auch ohne weiteres vermarktet werden.
Nachweispflicht: Als Besitzer eines artengeschützten Graupapageien müssen Sie den rechtmäßigen Besitz nachweisen. Soweit eine CITES-Bescheinigung vorhanden ist, erfüllt dieses Dokument als »Quasi«-Personalausweis diese Voraussetzungen. Wer einen Graupapagei nach dem 1. 6. 97 erwirbt und keine CITES-Bescheinigung erhält, sollte sich die rechtmäßige Abgabe des Tieres durch den Verkäufer bestätigen lassen.
Anzeigepflicht: Der Besitzer eines Graupapageien hat den Besitz seines Tieres unverzüglich der zuständigen Naturschutzbehörde (im Regelfall das Landratsamt oder das Regierungspräsidium) anzuzeigen. Folgende Angaben sind hierbei erforderlich: Art, Alter, Geschlecht, Herkunft, Verbleib, Standort, Verwendungszweck, Kennzeichen (Fußring-Nummer) und Registrierungsnummer der CITES-Bescheinigung (soweit vorhanden).
(Auf Seite 8 finden Sie Hinweise zur Zucht von Graupapageien.)

Inhalt

Ein Wort zuvor

Moses, mein Graupapagei, lebt seit vielen Jahren bei mir. Sein freundliches, drolliges Wesen, seine Intelligenz und sein Talent, Pfiffe nachzuahmen, machen mir immer wieder Freude. Wenn Moses seine Aufmerksamkeit auf sich lenken will, veranstaltet er ein Pfeifkonzert. Beharrlich wiederholt er sein gesamtes Repertoire an Pfiffen, und zwar so lange, bis ich mit ihm spiele oder ihn kraule. Nur allzu gern folge ich seiner Aufforderung nach Zuwendung. Anfangs war ich oft im Zweifel, ob sich Moses jemals zu einem zahmen und zutraulichen Papagei entwickeln würde. Zwei Jahre dauerte es, bis er nicht mehr laut kreischend flüchtete, wenn ich ihm einen Leckerbissen aus der Hand anbot. Und erst dann durfte ich ihn kraulen. Möglicherweise gewöhnt sich Ihr Papagei schneller an Sie, aber auch Sie müssen mit Eingewöhnungsschwierigkeiten rechnen, denn die meisten Graupapageien – durch Fang, Transport und Quarantäne geschockt – kommen völlig verängstigt bei ihrem neuen Besitzer an. Bleiben Sie in jedem Fall geduldig, lassen Sie nie nach in Ihren Bemühungen um die Zuneigung Ihres Vogels. Wie Sie das Vertrauen, die Zutraulichkeit Ihres Papageien, gewinnen und vor allem erhalten und wie wichtig dabei richtige Haltung und Pflege sind, habe ich in diesem Buch beschrieben.
Nur ein Graupapagei, der viel Zuwendung, Beschäftigungs- und Bewegungsmöglichkeiten hat, wird seelisch nicht verkümmern. Ausführliche Ratschläge für die Unterbringung in Käfig, Voliere und auf dem Kletterbaum, für eine abwechslungsreiche Ernährung sowie viele Anregungen für Spiel und Beschäftigung sollen Ihnen dabei helfen, die grundlegenden Lebensansprüche Ihres Graupapageien zu erfüllen. Die meisten Graupapageien-Besitzer hoffen, daß ihr Papagei zu »sprechen« beginnt. Erwarten sie bitte in dieser Hinsicht nicht zu viel von ihm. Nicht jeder Graupapagei lernt, Worte oder gar Sätze nachzuahmen, manche beschränken sich aufs Pfeifen, andere ahmen Geräusche nach oder geben nur arteigene Laute von sich. Die viel gerühmten »Sprechwunder« sind sehr selten. Mit Hilfe der Tips für den Sprechunterricht – die ich und viele andere erfahrene Graupapageienhalter erprobt haben –, können Sie die Sprechbegabung Ihres Papageien fördern, aber nicht in eine bestimmte Richtung zwingen.
Freude am Zusammenleben mit einem Graupapageien haben Sie nicht nur durch seine »Sprechbegabung«, sondern vor allem durch das Beobachten seiner arteigenen Ausdrucksweise: seiner Körper- und Lautsprache, seinem Verhalten. Im Sonderteil »Graupapageien verstehen lernen« sind viele Verhaltensweisen, die Sie täglich beobachten können, beschrieben; erklärt wird auch, wie Sie Stimmungen bei Ihrem Graupapagei erkennen, zu welchen verblüffenden Intelligenzleistungen er fähig ist und welche Wesenszüge besonders stark ausgeprägt sind. Gespräche mit Verhaltensforschern und Graupapageienzüchtern haben meine Erfahrungen bestätigt und mein Wissen über das Verhalten des Graupapageien erweitert.
Ich wünsche Ihnen, daß Sie schon bald die Meinung vieler Papageienkenner teilen, und auch erkennen, daß Ihr Graupapagei ein überaus liebenswertes Wesen ist, ein kleiner Ausbund an Gescheitheit und wirklich eine Persönlichkeit, über die man sich jeden Tag freuen kann.

Annette Wolter

Autorin und Verlag danken allen, die an diesem Buch mitgearbeitet haben: den Tierfotografen, insbesondere Karin Skogstad und Konrad Wothe, für ihre ausgezeichneten Farbfotos und dem Zeichner Fritz W. Köhler für seine eindrucksvollen Zeichnungen. Besonderer Dank gilt der Tierärztin Dr. Gabriele Wiesner für die fachliche Beratung beim Kapitel »Gesundheitshaltung und Krankheiten«.

Überlegungen vor dem Kauf

Der Graupapagei als Heimtier

Ich verstehe den Wunsch, einen Graupapagei als Heimtier pflegen zu wollen, mit diesem intelligenten Individualisten zu leben, ihn zu beobachten, sein Vertrauen zu gewinnen. Ich weiß aus eigener Erfahrung, wieviel Freude ein Graupapagei ins Haus bringt. Aber ich fühle mich verpflichtet, auch auf Probleme hinzuweisen, die sich aus dem Zusammenleben mit einem Graupapagei ergeben können.
Ganz abgesehen von Ihren Lebensgewohnheiten, wie und wo wohnen Sie? Wie werden Ihre Nachbarn auf die oft stimmgewaltige Lebensfreude Ihres Vogels reagieren? Vor allem in den ersten Monaten als Heimtier bringt ein Graupapagei seine Stimmungen in oft kreischenden Urwaldlauten zum Ausdruck. Hat er später sein stimmliches Repertoire seiner Umgebung angepaßt, so klingt es nur noch selten nach Urwald, aber mit durchdringender Stimmgewalt kann er dann vielleicht pfeifen oder einzelne Wörter in nervenerregenden Wiederholungen ertönen lassen. Viele Papageien mußten ihre vertraute Menschenfamilie wieder verlassen, weil es zu ständigen Beschwerden und massiven Drohungen durch die Nachbarn wegen Ruhestörung kam.
Sein großes Talent, Geräusche, Pfiffe und die menschliche Sprache nachzuahmen, sowie seine Intelligenz und Eigenwilligkeit machten den Graupapagei so beliebt, daß er von allen großen Papageien am häufigsten als Heimtier gehalten wird. Doch dürfen Sie nicht davon ausgehen, daß Ihr künftiger Graupapagei auf jeden Fall ein großer Sprechkünstler sein wird. Es kann sein, daß er sich aufs Pfeifen verlegt, wie ein Hund bellt oder am liebsten das Läuten des Telefons imitiert. Sie sollten überhaupt keine bestimmten Erwartungen hegen, denn jeder Graupapagei entwickelt sich ein wenig anders, was einerseits von früheren Erlebnissen mit Menschen abhängt (→ Seite 8), andererseits von Ihrer Geduld, Ihrem Einfühlungsvermögen und von Ihrer Bereitschaft, sich mit ihm zu beschäftigen.
Man muß sich von Anfang an darüber im klaren sein, daß der Graupapagei zu den intelligentesten Vögeln gehört, die wir kennen. Soll er seelisch und geistig nicht kümmern, braucht er viel Zuwendung, stete Bewegungsfreiheit, genügend Möglichkeiten, sich zu beschäftigen sowie die häufige Gegenwart eines ihm vertrauten Menschen. Langes und häufiges Alleingelassensein – und das vielleicht noch ohne Bewegungsfreiheit im Käfig oder angekettet auf der Stange – ist für einen Graupapagei schädlich. Es kann ihn krank machen, zum Federrupfer werden lassen oder aggressive Reaktionen auslösen. Ein Graupapagei sollte zur Familie gehören und am Familienleben teilhaben dürfen.

Paßt ein Graupapagei in Ihr Leben?

Möchten Sie den Lebensansprüchen eines Graupapageien wirklich gerecht werden, sollten Sie die folgenden Fragen mit »ja« beantworten können:

- Wenn Sie oft für mehrere Stunden außer Haus sein müssen, kann dann wenigstens zeitweise ein anderer Mensch anwesend sein und sich etwas mit dem Papagei abgeben?
- Sind Sie geduldig genug, um die häufig monatelang dauernde Eingewöhnungszeit des Vogels ohne Entmutigung durchzustehen?
- Empfinden Sie es nicht als Kränkung, wenn sich der Papagei einem anderen Familienmitglied liebevoller anschließt als Ihnen? (Das ist nämlich durchaus möglich; denn Graupapageien vergeben ihre Sympathie nach nicht vorhersehbaren Kriterien.)
- Können Sie es ertragen, daß der Papagei im Wohnraum – vielleicht sogar in mehreren Räumen – Schmutz macht und eventuell Tapeten, Möbel oder Polster beschädigt? (Man kann das eindämmen, aber nicht völlig verhindern.)
- Sind Sie bereit, dem Vogel mehr Lebensraum zuzubilligen als den Standort des Käfigs?

- Würden Sie ihm einen Kletterbaum aus Naturzweigen besorgen oder basteln (→ Seite 16)?
- Wissen Sie, wohin mit dem Vogel, wenn Sie in Urlaub fahren oder ins Krankenhaus müssen?
- Wenn Sie allein mit dem Papagei leben, gibt es einen Menschen in Ihrer näheren Umgebung, dem Sie Ihren Wohnungsschlüssel anvertrauen könnten für den Fall, daß Sie am Nachhausekommen gehindert sind?
- Nur bei sorgsamer Pflege und vielseitiger Ernährung kann ein Graupapagei gesund bleiben. Sind Sie bereit, die nötige Zeit und das erforderliche Geld aufzuwenden?
- Haben Sie bedacht, daß der Papagei unter Umständen einmal vom Tierarzt behandelt werden muß und Medikamente braucht, was Zeit und Geld kostet?
- Leidet niemand in Ihrer Familie an einer Feder- oder Federstauballergie?
- Ein gesunder Graupapagei kann 80 Jahre alt werden! Sie sind für das Wohlergehen dieses Lebewesens voll verantwortlich. Eine Trennung von Ihnen, von der gewohnten Umgebung, wäre schmerzlich für den Vogel; möglicherweise würde er sich negativ verändern. Für neue Besitzer wäre er dann vielleicht ein enttäuschendes Heimtier. So könnte ihm das traurige Schicksal widerfahren, von einer Hand in die andere zu geraten. Sind Sie deshalb bereit, dafür zu sorgen – auch vorzusorgen –, daß Ihr Vogel nach einer unumgänglichen Trennung von Ihnen nur zu tierlieben Menschen kommt, die sich um ihn bemühen und die ebenfalls die volle Verantwortung für ihn übernehmen?

Kinder und ein Graupapagei

Schulkinder lernen schnell, respektvoll Abstand zu halten, wenn der Papagei schon einmal nach ihnen gehackt hat, weil er vielleicht ängstlich war oder versuchte, sie aus Übermut zu zwicken. Es kann aber auch sein, daß der Vogel sich wegen der geringeren Größe der Kinder gerade von ihnen gerne füttern und kraulen läßt. Babys und Kleinkinder sollte man jedoch niemals ohne Aufsicht Erwachsener mit dem Vogel alleine lassen. Eine unkontrollierte Bewegung des Kindes kann den Vogel erschrekken, und er reagiert mit Hacken oder Beißen. Ein eingewöhnter Graupapagei erkennt die Kinder der Familie aber durchaus als Mitglieder seines Schwarms an, meist haben sie für ihn aber keine große Bedeutung in der Rangordnung. Alle mir bekannten Graupapageien haben sich bevorzugt einem Erwachsenen zugewandt.

Seine Zehen benützt der Graupapagei geschickt zum Halten und Greifen (→ Detailzeichnung); Nüsse oder Früchte ißt er manierlich aus der Hand.

Selbstverständlich muß man seinen Kindern alles über die Eigenart und die Gewohnheiten des Graupapageien erzählen, sie auf sein Verhalten und auf seine Reaktionen aufmerksam machen. Nur so kann man erreichen, daß die Kinder den Vogel als Familienmitglied gelten lassen, sich bis zu einem gewissen Maß für ihn mitverantwortlich fühlen und bereit sind, Rücksicht auf seine Bedürfnisse zu nehmen.

Überlegungen vor dem Kauf

Der Graupapagei und andere Heimtiere

Hund und Papagei: Ein wirklich folgsamer Hund wird es respektieren, wenn man ihm begreiflich macht, daß der neue Hausgenosse Graupapagei absolut tabu ist. Anfangs geht es nicht ohne Aufsicht, denn man sollte es vermeiden, daß der Hund sich am Käfiggitter abstützt und den Vogel anbellt. Der noch scheue Papagei könnte dabei jegliches Vertrauen in seine neue Umgebung verlieren und in Panik geraten. Der Hund muß unbedingt Abstand halten. Später wird sich der Graupapagei dem Hund nähern; meist werden Hund und Vogel gute Kameraden.

Katze und Vogel: Das ist problematisch. Manche Katzen halten bedingungslos den Burgfrieden ein und gehen ihren Jagdgelüsten nur außer Haus nach. Jedoch in der Regel muß man davon ausgehen, daß eine Katze den Graupapagei gehörig verwunden könnte. Vogel und Katze in einem Haushalt ist ein Experiment, das nicht empfohlen werden kann – es sei denn, Sie gewöhnen ein noch junges Kätzchen an das Zusammenleben mit dem Papagei.

Wellensittich und Graupapagei: Das kann gutgehen – aber Tierärzte raten aus grausamen Erfahrungen von solcher Zweisamkeit ab.

Zwei Papageien: Wenn Sie von vornherein zwei miteinander harmonierende Graupapageien gekauft haben, gibt es keine Probleme. Will man aber seinem Einzelvogel einen Artgenossen oder einen anderen Großpapagei zugesellen, kann die Harmonie im Haus durch Streit, Geschrei und die eventuelle Unterdrükkung eines Vogels durch den anderen gestört werden. Man muß genau beobachten, ob beide Vögel einander akzeptieren oder ob sie sich nicht leiden können. Ist letzteres der Fall, kehrt nur Friede ein, wenn der neu Hinzugekommene wieder entfernt wird. Einen zweiten Papagei also zunächst immer nur zur Probe mit dem ersten zusammenbringen und für ausreichende Fluchtmöglichkeiten für beide Vögel sorgen. Die Tiere brauchen Zeit, sich aneinander zu gewöhnen. Keinesfalls darf man sie anfangs ohne Aufsicht zusammenlassen; den Neuen sollte man möglichst eine Zeitlang in einem eigenen Käfig unterbringen. In einem gemeinsamen Käfig könnten die Vögel sich einander schwer verletzen.

Kleine Pelztiere und Papagei: Nicht ratsam ist es, einen Graupapagei im selben Zimmer mit kleinen Pelztieren (Hamster, Meerschweinchen, Kaninchen) zu halten. Ein im Raum freilebender Papagei könnte die kleinen Säuger empfindlich verletzen.

Wohin mit dem Vogel im Urlaub?

Die beste Lösung wäre es, der Vogel bleibt in der gewohnten Umgebung und wird von einem vertrauenswürdigen Pfleger betreut. Wenn Sie niemanden kennen, versuchen Sie durch Kleinanzeige, durch Anschläge im Kirchen-Gemeindehaus, in der Universität oder einem Altenheim einen geeigneten Betreuer zu finden. Ist dies nicht möglich, kann man seinen Papagei vielleicht bei vogelerfahrenen Bekannten unterbringen oder beim Zoofachhändler, bei dem man ihn gekauft hat. Bleibt der Vogel dann allerdings mehrere Wochen eingesperrt, während er sonst viel Bewegungsfreiheit genießt, wird ihn das zusätzlich zur Trennung von Ihnen belasten. Ob man den Papagei mit in den Urlaub nehmen kann, hängt vom benützten Verkehrsmittel ab, von der Länge des Reiseweges, vom Klima am Urlaubsort, von der Genehmigung des Gastgebers oder des Hoteliers, bei Auslandsreisen von den Einfuhrbestimmungen für Papageien und nicht zuletzt von Ihren Urlaubsplänen. Tagelang alleingelassen im Hotelzimmer, Wohnwagen oder Zelt wäre für den Papagei unzuträglicher als die Unterbringung beim Fachhändler. Man muß mit Sicherheit bei der Urlaubsplanung Kompromisse schließen und darf dabei die Bedürfnisse des Vogels nicht geringer achten als die eigenen.

Vogelkauf und Unterbringung

Wildfang oder Zuchtvogel?

Leider ist die Zucht von Graupapageien noch selten, so daß die Mehrzahl der Vögel aus ihrer Heimat Afrika importiert werden muß. Im Zoofachhandel werden vorwiegend Wildfänge angeboten, einen gezüchteten Graupapagei bekommen Sie in der Regel beim Züchter; aber auch einige Zoofachgeschäfte bieten gelegentlich gezüchtete Tiere an

Zucht
Die Zucht dieser Tiere ist grundsätzlich erlaubt. Allerdings kann die Naturschutzbehörde die Zuchterlaubnis von dem Nachweis abhängig machen, daß der Züchter über ausreichende Kenntnis und über eine artgerechte Unterbringung verfügt.

Sachkundenachweis
Auf Verlangen der Naturschutzbehörde hat der Tierhalter den Sachkundenachweis zu erbringen. Dieser enthält drei Elemente: Kenntnisse über die Haltung und Pflege der Vögel, Gewähr für ausreichende tierschutzrechtliche Einrichtungen und die persönliche Zuverlässigkeit des Halters.

Der importierte Graupapagei
Die in ihrer afrikanischen Heimat gefangenen Vögel kommen in speziellen Transportbehältern vorwiegend per Flugzeug in die Bestimmungsländer. Dort müssen die Tiere zunächst für 45 Tage in eine amtsärztlich überwachte Quarantänestation. Fang, Transport, Klimaumstellung und die Medizinal-Nahrung (mit hochwirksamen Antibiotika) während der Quarantänezeit bedeuten für die Vögel eine große Belastung. Sitzen sie dann endlich beim Zoofachhändler, haben sie zwar das Schlimmste überstanden, doch leiden sie nun unter der Trennung von den Artgenossen, an Einsamkeit und leben in Furcht vor der ungewohnten Umgebung. Solche Vögel brauchen während der Eingewöhnungszeit besonders viel Rücksicht, Schonung und Geduld.

Der gezüchtet Graupapagei
Wer sich die Geduldsprobe der oft lang dauernden Eingewöhnung eines Wildfangs nicht zutraut, sollte sich im Zoofachhandel nach einem gezüchteten Graupapagei umsehen oder Kontakt mit einem erfahrenen Züchter aufnehmen. Züchter findet man am ehesten durch die Anzeigen in einer Vogelzeitschrift oder durch Anfrage bei der Arbeitsgemeinschaft der Papageienzüchter (→ Seite 53). Wahrscheinlich brauchen Sie beim Erwerb eines Graupapageien bei einem Züchter auch viel Geduld – aber das, ehe der Vogel bei Ihnen im Hause ist. Denn Nachwuchs von Graupapageien gibt es nicht in vorherbestimmbaren Abständen, nicht jede Brut gelingt. Deshalb sollten Sie dem Züchter schreiben und sich für einen Vogel einer der nächsten Bruten vormerken lassen. Möglicherweise müssen Sie eine längere Reise in Kauf nehmen, da kein verantwortungsvoller Züchter einen Jungvogel per Bahn oder Flugzeug abgeben wird. Ein gezüchteter Graupapagei ist auch teurer als ein importierter. Aber die Papageienzucht ist aufwendiger, als man denkt. Nur unter besten Bedingungen schreitet ein Graupapagei-Paar zur Fortpflanzung. Hinzu kommt die Schwierigkeit, ein Paar ungleichgeschlechtlicher Vögel zusammenzubringen, das sich auch mag. Man muß also viele Graupapageien hal-

Porträt eines Graupapageien. ▷
Das leicht aufgestellte Nacken- und Kehlgefieder ist ein Zeichen dafür, daß der Vogel sich wohl fühlt.

ten, damit sich aus einer kleinen Schar freiwillige Paare zusammenfinden können. Liegen dann endlich Eier im Brutkasten, muß der Züchter bangen, ob das Weibchen verläßlch brütet und kein Ei zerstört. Sind die Nestlinge geschlüpft, hängt der weitere Erfolg davon ab, ob die Jungen ausreichend und fortdauernd gefüttert werden. Schon geringfügige Störungen können die Elternvögel zum endgültigen Verlassen des Geleges bringen, zum Zerstören der Eier, zum Abbruch des Fütterns oder gar zum Töten der Nestlinge.
Deshalb nehmen viele Züchter die Nestlinge bereits nach wenigen Tagen aus dem Brutkasten und übernehmen deren Aufzucht selbst. Das bedeutet eine wochenlange Betreuung der Brut während des Tages und vieler Nächte. Wer einen solchen völlig an den Menschen gewöhnten Graupapagei bekommt, kann sich glücklich schätzen. Doch bedenken Sie: Ein von Menschen großgezogener Graupapagei braucht die Gesellschaft des Menschen so nötig wie Nahrung und Atemluft. Auf zeitweilige Vernachlässigung, langes Alleingelassenwerden und zu wenig Zuwendung reagiert er weitaus empfindlicher als ein Wildfang.

Der Ring am Vogelfuß

Noch bevor ein Graupapagei die Quarantänestation verläßt, wird er mit dem Fußring gekennzeichnet. Nummer und Buchstaben auf dem Ring sind der Beweis, daß der Vogel die Quarantäne durchlaufen hat und amtstierärztlich betreut wurde. Der Züchter versieht schon die Nestlinge mit dem Fußring, welcher dann die Garantie ist, daß alle Vögel dieser Zucht veterinärärztlich überwacht werden. Jeder Papagei muß auch als Heimvogel diesen gesetzlich vorgeschriebenen Ring tragen. Der Papageienhalter sollte jedoch den Ringfuß häufiger kontrollieren. Wächst der Ring ein oder zeigen sich krankhafte Veränderungen am Ringfuß, muß der Tierarzt den Ring entfernen. Die Notwendigkeit dieser Ringentfernung vom Tierarzt schriftlich bestätigen lassen und den Ring gut aufbewahren. Er ist ein Dokument.
Grundsätzlich ist ein geschlossener Fußring zu verwenden, der nicht manipuliert werden kann. Offene Ringe sind nur ausnahmsweise dann zulässig, wenn die Kennzeichnung mit einem geschlossenen Ring nicht möglich ist. Ist die Kennzeichnung weder mit einem offenen noch geschlossenen Ring möglich, kann der Papagei auch mit einem Transponder gekennzeichnet werden. Diese Kennzeichen sind nicht frei im Handel erhältlich. Nur bei dem Bundesverband für fachgerechten Natur- und Artenschutz e.V. (BNA) und dem Zentralverband Zoologischer Fachbetriebe Deutschlands e.V. (ZZF, → Adressen Seite 53) können diese artenschutzrechtlichen Kennzeichen erworben werden. Die gesetzlich vorgeschriebene Kennzeichnung darf nach dem Gesetz nicht entfernt werden.
Hinweis: Wenn ein entflohener Graupapagei einen Fußring trägt und eingefangen wird, kann der Eigentümer leicht ermittelt werden, weil der Vogel über dieses Kennzeichen beim BNA und ZZF zu ermitteln ist.

◁ Graupapagei beim Putzen.
Die große Beweglichkeit des Kopfes zeigt sich bei der Gefiederpflege; um die Schwanzfedern zu glätten, dreht er den Kopf um fast 180 Grad – bis auf Kopf- und Nackenpartie erreicht er alle Körperstellen.

Tips für den Vogelkauf

Der Kauf eines Vogel ist die Vertrauenssache, denn es gibt in jeder Branche schwarze Schafe. Die beste Gewährt, einen gesunden Graupapagei zu bekommen, haben Sie in einem gut geführten Zoofachgeschäft oder – wenn Sie einen gezüchteten Vogel möchten – beim Züchter. Vogelkauf durch Versandhandel scheidet für tierliebe Menschen aus! Beim Erwerb eines Graupapageien von privaten Haltern ist äußerste Vorsicht ratsam, sofern man Halter und Vogel nicht sehr gut kennt. Erkundigen Sie sich sehr genau nach den Gründen für die Weitergabe des Tieres. Viele Vogelbesitzer sind ihres Graupapageien überdrüssig, weil dieser durch falsche Behandlung zum Schreier, Federrupfer wurde oder hoffnungslos furchtsam.

Wie Sie einen gesunden von einem kranken Graupapagei unterscheiden
Ein gesunder Graupapagei ist munter, blickt interessiert um sich, hat glattes, lückenloses Gefieder, ißt und trinkt, putzt sich, schläft nur zeitweilig.
Einen kranken oder verhaltensgestörten Papagei erkennt man an steter Teilnahmslosigkeit, meist sitzt er mit geplustertem Gefieder und halbgeschlossenen Augen in einer Käfigecke. Nicht normal geformter Kot (man sieht im Sand dünne, länglich zerlaufene Kotfladen), verschmutztes Gefieder im Kloakenbereich, verstopfte Nasenlöcher, sichtbares Nasensekret, häufiges Niesen oder ständiges Kratzen können Krankheitszeichen sein. Kahle Stellen im Gefieder – vor allem im Bauch-, Brust- und Rükkenbereich (Kleingefieder) – könnten auf einen Federrupfer (also ein geschädigtes Tier, → Seite 35) schließen lassen.

Das Alter des Vogels
Wer sich zu einem Graupapagei entschlossen hat, wünscht sich einen möglichst jungen Vogel, da er sich mit einiger Sicherheit leichter in eine neue Umgebung eingewöhnt als ein älterer. Das genaue Alter kann allein ein Züchter nennen, da er das Datum des Schlüpfens von jedem seiner Vögel kennt. Er gibt Jungvögel ab, sobald sie selbständig Nahrung zu sich nehmen. Importierte Graupapageien sind in den meisten Fällen ebenfalls jung, allerdings vergehen nach dem Fang einige Monate, bis ein Vogel seinen endgültigen Besitzer findet (→ Seite 8). Doch weiß ein Zoofachhändler, aus welchem Import ein Graupapagei stammt und kann daraus Rückschlüsse auf das Alter des Vogels ziehen.

Woran Sie einen jungen Graupapagei erkennen
Jungvögel haben bis zum Alter von etwa 5 bis 8 Monaten eine aschgraue Iris, die großen runden »Baby«-Augen scheinen schwarz zu sein. Danach hellt sich die Iris langsam auf und wird weißlich bis hellgelb. Bis zur ersten Mauser zwischen dem 10. und 12. Lebensmonat haben Jungvögel oft einen etwas kürzeren Schwanz, die Unterschwanzdecken zeigen manchmal graue Partien.
Junge Graupapageien erkennt man auch an der feinen Struktur der Hornschüppchen an den Füßen und am besonders glatten Oberschnabel (es heben sich noch kaum Hornblättchen an den Rändern ab). Nach abgeschlossener Jugendmauser sehen junge Graupapageien wie ihre Eltern aus; kein Merkmal verrät ihr tatsächliches Alter.

Männchen oder Weibchen?
Die Frage, ob der von Ihnen gewählte Graupapagei männlich oder weiblich ist, erscheint mir unwesentlich, wenn Sie einen Einzelvogel halten wollen, denn Männchen wie Weibchen sind von gleicher Wesensart, verfügen über dieselben Talente, sind lernfähig und schließen sich bei richtiger Betreuung dem Menschen an. Nur wenn Sie daran denken, dem Vogel nach dem Eingewöhnen einen andersgeschlechtlichen Artgenossen zuzugesellen und auf Nachwuchs hoffen, wäre das Geschlecht von Bedeutung.

Die Geschlechtsbestimmung
Selbst für den Fachmann ist es nicht einfach, das Geschlecht eines Graupapageien eindeutig zu bestimmen, da sich Männchen und Weibchen nur geringfügig unterscheiden. Im Vergleich von vielen Graupapageien kann ein Spezialist mit einiger Sicherheit die Geschlechter

erkennen, da die Männchen im Gegensatz zu den Weibchen einen kräftigeren, geringfügig größeren Schnabel haben und einen etwas flacheren, »eckigeren« Kopf. Für die Zucht wird das Geschlecht der Graupapageien heute durch die Endoskopie bestimmt – ein operativer Eingriff, wobei in Vollnarkose mit dem Endoskop Hoden oder Eierstöcke feststellbar sind.

Der Käfig

Papageienkäfige gibt es in unterschiedlichen Maßen und Ausführungen, doch nur große Zoofachhandlungen werden mehrere Modelle zur Wahl bereithalten. Informieren Sie sich deshalb in mehreren Zoofachgeschäften oder in den Zoofachabteilungen großer Kaufhäuser. Wählen Sie einen möglichst großen Käfig. Das Bundesministerium für Ernährung, Landwirtschaft und Forsten empfiehlt in seinem Gutachten über Mindestanforderungen an die Haltung von Papageien für Graupapageien eine Größe von 200×100×100 cm.

Die Käfiggröße

Sehr häufig werden Käfige mit einer Grundfläche von 45×45 cm angeboten (→ Zeichnung Seite 14); das ist das Mindestmaß. Ein Käfig dieser Größe ist jedoch nur dann akzeptabel, wenn er wirklich nur als zeitweiliger Zufluchtsort, zur Nahrungsaufnahme und als Schlafplatz gedacht ist. Bedenken Sie, der Vogel ist etwa 40 cm lang, will er sich im Käfig umdrehen, muß er genau im Zentrum sitzen, um nicht mit dem Schwanz ans Gitter zu stoßen. Bei einer Flügelspannweite von ungefähr 50 cm kann er nur einen Flügel im Käfig abspreizen. Die weitaus papageiengerechteren Käfige bieten Grundflächen von 74×74 cm (→ Zeichnung rechts), 80×50 cm oder 110×70 cm und werden als Papageienvolieren angeboten. Bei einer Höhe von fast 1 m und mehr kann man daraus schon eher ein geeignetes Heim für einen oder zwei Graupapageien schaffen.

Worauf Sie beim Käfigkauf achten sollten

- Kaufen Sie auf keinen Fall einen runden Käfig! Bei Graupapageien, die in runden Käfigen gehalten werden, hat man auffallend häufig psychische Störungen festgestellt.
- Mindestens an zwei Seiten des Käfigs sollten die Gitterstäbe waagerecht laufen, denn Graupapageien klettern gern und viel, an Querstäben finden sie besseren Halt als an senkrechten Stäben.
- Der Durchmesser der Gitterstäbe muß 2,5 bis 3 mm betragen und deren Abstände 25 bis 30 mm (zu dünne Stäbe kann ein Graupapagei verbiegen oder zerbrechen, zu enge Abstände behindern seine Sicht).
- Kaufen Sie möglichst einen Käfig mit einem waagerechten Deckgitter, der Vogel wird zu-

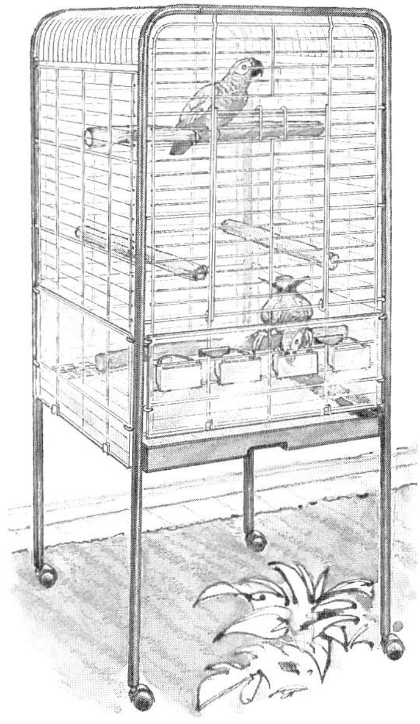

Papageienvoliere mit den Maßen 74×74×163 cm (Modell Wagner & Keller), in der zeitweise zwei Graupapageien leben können.

weilen gern auf dem Käfig sitzen; auf einem gewölbten Deckgitter rutscht er ab.

• Die Bodenschale muß aus extra starkem, bruchfestem Kunststoff bestehen. Sie muß für den Vogel vom Käfiginneren aus unerreichbar sein, da er sie zerbeißen und an verschluckten Teilchen sterben könnte (notfalls zwischen Käfiggitter und Schale ein Metallgitter mit engstehenden Stäben schieben).

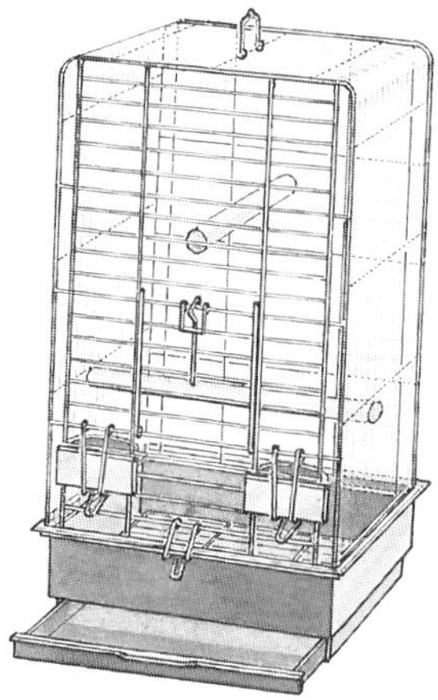

Papageienkäfig (Maße: 45×45×75 cm) mit herausziehbarem Sandschuber (Modell Wagner & Keller). Bei dieser Käfiggröße braucht der Graupapagei zusätzlich einen Kletterbaum oder Freisitz.

• Der Sandschuber muß stabil sein und mühelos herausziehbar, denn man muß ihn täglich reinigen. Auf den Gitterrost über dem Käfigboden, der verhindern soll, daß der Vogel mit seinem Kot in Berührung kommt, können Sie verzichten. Er ist nur bei speziellen Erkrankungen nötig. Der Papagei muß Sand aufnehmen können, was der Rost unmöglich macht.

• Die Käfigtür muß einen »schnabelsicheren« Verschluß haben; am besten ist ein Karabinerhaken, mit dem man die Tür auch verläßlich offenhalten kann. Lebt der Papagei nämlich vorwiegend auf dem Kletterbaum, könnte er seine Nahrung nicht erreichen, wenn sich die Käfigtür selbsttätig geschlossen hätte.

Die Grundausstattung des Käfigs

Im Käfig sollten mindestens zwei bruchfeste Futternäpfe sicher angebracht sein, besser wären vier (für Wasser, Grundnahrung, Zusatznahrung und Sand oder Reserve-Nahrung).
Je nach Größe des Käfigs genügen zwei bis drei Sitzstangen aus Hartholz, besser noch aus Weichholz (die aber öfter erneuert werden müssen), mit einem Durchmesser von etwa 3 cm. Der Vogel soll die Sitzstange nur zu zwei Drittel umgreifen können. Ideal sind Sitzstangen aus Naturästen mit wechselnden Durchmessern (von 2 bis 5 cm). Die Sitzstangen müssen im Käfig sicher haltend angebracht werden und so, daß der Kot nicht in die Futternäpfe fallen kann.

Die Zimmervoliere

Eine Zimmervoliere mit den Maßen von 200×100×180 cm (Länge × Tiefe × Höhe) – aufgestellt in einer hellen Ecke des Wohnzimmers – ist für zwei Papageien eine ideale Unterkunft, wenn man nicht den gesamten Wohnraum mit ihnen teilen möchte. Man kann darin einen Kletterbaum aufstellen, verschieden dicke Naturäste anbringen, eine große Badeschale anbieten und eventuell sogar eine Bruthöhle. Ein alleingehaltener Graupapagei kann jedoch in der Zimmervoliere zu seinem Pfleger kaum engeren Kontakt entwickeln, er würde – trotz dieser Komfort-Haltung – vereinsamen, sich langweilen oder vielleicht sogar unter psychischen Störungen leiden! Deshalb gehören in eine Zimmervoliere zwei Graupapageien, die sich allerdings vertragen müssen. Das Geschlecht der Papageien spielt dabei keine Rolle, denn zwei gleichgeschlechtliche wie zwei ungleichgeschlechtliche können einander ablehnen oder sich sympathisch sein. Wer aber auf Nachwuchs hofft, der sollte eine sichere Geschlechtsbestimmung seines Graupapageien (→ Seite 12) vornehmen lassen und ihm nur einen zweiten Vogel mit sicher bestimmtem Geschlecht zugesellen. Doch auch dann besteht die Möglichkeit der gegenseitigen Antipathie, so daß man die Vögel wieder trennen müßte. Die Aussicht auf Nachwuchs in einer Zimmervoliere ist recht gering, denn die Zucht von Graupapageien ist – wie auf Seite 11 erwähnt – störungsanfällig (auf Seite 53 finden sie Hinweise über Informationen zur Zucht von Papageien).

Der Standort des Käfigs

Der Standplatz für den Käfig muß erschütterungsfrei sein. Der Käfig soll im hellen Tageslicht stehen, aber nicht direkt am Fenster, denn dies strahlt im Winter Kälte ab, im Sommer kann direkte Sonneneinwirkung zu einem Hitzestau führen. Auch ein Platz unmittelbar neben der Heizung ist ungeeignet, da dort die Luft zu warm und zu trocken ist. Der Vogel braucht einen festen Platz in einer Ecke des Zimmers, damit er Rückendeckung vor den Aktivitäten der Mitbewohner gewinnt. Der Käfig soll außerdem in Brust-Gesichtshöhe Erwachsener stehen, weil ein Graupapagei ängstlich reagiert, wenn man über seinem Kopf hantiert. Steht der Käfig wesentlich höher, kommt es zu mangelhaftem Kontakt zwischen Mensch und Vogel. Nur notfalls kommt die Küche als Aufenthaltsort für einen Vogel in Betracht: Die Temperaturen wechseln zu häufig, Fett- und Kochdünste können ihm schaden, außerhalb des Käfigs lauern vielfache Gefahren (→ siehe Gefahrenkatalog, Seite 24). Sehr wichtig ist es, von vornherein einen Standplatz zu finden, der absolut zugfrei ist. Einem Graupapagei schadet selbst ganz leichter Luftzug! (Prüfen Sie den Platz mit einer Kerzenflamme; das Flackern der Flamme verrät auch leichtesten Zug.) Zu berücksichtigen ist auch die Straßenbeleuchtung, die nachts nicht auf den Käfig strahlen darf (falls nicht vorhanden, Vorhänge oder Rollos anbringen). Mindestens 2 bis 2,5 m Abstand sollte der Käfig zum Fernsehapparat haben und möglichst so stehen, daß der Vogel nicht den Bildschirm vor Augen hat.

Entscheidend ist auch die Raumtemperatur für das Wohlbefinden eines Graupapageien. Bei 18 bis 20 °C fühlt er sich am wohlsten. Übersteigt die Temperatur 18 °C, braucht der Vogel genügend Luftfeuchtigkeit (mindestens 60%). Sinkt die Temperatur *allmählich* unter 18 °C, schadet dies keineswegs; auch bei 15 °C kann sich der Papagei noch wohl fühlen. Nur jähe und krasse Temperaturunterschiede sind ebenso schädlich wie lang andauernder Frost. Aber auch verbrauchte Luft, vor allem durch Zigarettenrauch, durch stark ätzende Gerüche verdorbene Luft schaden dem Papagei.

Die wichtigste Beschäftigung für den Graupapagei ist das »Nagen«. Nur wenn er ausreichend Gelegenheit zur Schnabelarbeit an frischen Zweigen oder Ästen hat, wird er Ihre Möbel verschonen.

Der Kletterbaum

Ein Kletterbaum ist eine ideale Lebensinsel für den Graupapagei. Wenn irgendwie möglich, sollte man ihn unbedingt beschaffen. Aus Naturästen bestehend ist seine Benützung für den Vogel gute Fußgymnastik. Er bietet ausreichend Kletter- und Beschäftigungsmöglichkeit, so daß der Papagei wahrscheinlich Möbel und Polster von seinem kräftigen Schnabel verschonen wird. Richtig montiert, begrenzt er die Verschmutzung durch den Kot. Für einen idealen Kletterbaum besorgt man sich am besten einen etwa 30 cm dicken Baumstamm und läßt diesen von einem Handwerker mittels Metallring oder Betonmischung in einem möglichst großen Bottich (etwa 1 m Durchmesser; eventuell aus Kunststoff, wie für Hydrokulturen angeboten) aufstellen. Hat der Baumstamm noch Äste, kürzt man diese, so daß sie seitlich nur knapp bis zum Rand des Bottichs reichen. Zusätzlich werden in unterschiedlichen Abständen von 30 bis 40 cm möglichst tiefe Löcher in den Stamm gebohrt, in die man kräftige Naturäste aus Eiche, Buche oder Esche steckt und nötigenfalls sicher verkeilt. Der Papagei wird an den Rinden nagen. Von Zeit zu Zeit erneuert man die Äste und bietet dem Vogel damit wertvolle Nährstoffe, die in den Rinden enthalten sind, sowie Beschäftigung. Auf den Bottichboden beziehungsweise auf die Betonmischung wird Vogelsand gefüllt, der sich in wenigen Minuten mit Hilfe einer Schaumkelle von Kot und Verunreinigungen säubern läßt.

Kletterbaum zum Selberbauen: Ein Baumstamm mit Naturästen bietet dem Graupapagei Kletter- und Beschäftigungsmöglichkeiten. Der Stamm steht in einem mit einer Betonmischung oder Sand und Schotter gefüllten Bottich.

Papageienständer und Freisitze

Können Sie keinen Kletterbaum aufstellen, so sollte der Papagei dennoch außerhalb des Käfigs einen Freisitz haben. Die im Zoofachhandel erhältlichen Papageien-Freisitze mit mehreren in unterschiedlicher Höhe angebrachten Sitzstangen sind ein recht guter Ersatz für einen Kletterbaum, zumal wenn die gedrechselten Sitzstangen durch starke Naturäste ersetzt und verläßlich befestigt werden (→ Zeichnung Seite 19). Manche Ständer haben nur eine Sitzstange und werden oft mit Futternäpfen und Kette mit Fußring angeboten.

Wichtiger Hinweis: Ein angeketteter Papagei kann sich beim Versuch abzufliegen oder vom Ständer herunterzuklettern schwer durch Kette und Fußring verletzen. Das Anketten des Vogels ist nur ausnahmsweise und nur unter Aufsicht kurzzeitig zu vertreten, zum Beispiel wenn man seinen flugfähigen Papagei im Garten oder auf dem Balkon in seiner Nähe haben will. Auch ein flugunfähiger Graupapagei sollte beim Aufenthalt auf einem Balkon, am offenen Fenster in hochgelegenen Etagen (unter Aufsicht!) durch einen Fußring mit Kette vor dem Abstürzen geschützt werden. Die sicherste – für Mensch und Vogel angenehmste – Lösung wäre allerdings, wenn man Fenster oder Balkon mit einem Maschendrahtgitter versieht.

Haltung und Pflege

Ankunft im neuen Heim

Wenn Sie Ihren Graupapagei beim Fachhändler oder Züchter abholen, sollte zu Hause alles für ihn vorbereitet sein, nämlich der Käfig am endgültigen Platz stehen, ein Futternapf mit Wasser gefüllt sein, der Boden mit Sand ausgestreut und sicherheitshalber gegen Schrecktoben ein dichtgewebtes Tuch zum Abdecken bereitliegen. Bitten Sie den Verkäufer, Ihnen für die ersten Wochen genügend von der Körnermischung mitzugeben, an die der Vogel gewöhnt ist, und fragen Sie, was er als Zusatznahrung erhielt. So kommt zum belastenden Umgebungswechsel nicht auch noch eine Nahrungsumstellung hinzu. Den Papagei bekommen Sie in einer Holztransportkiste überreicht. Bringen Sie ihn auf kürzestem Wege nach Hause; im Winter im geheizten Fahrzeug, im Sommer im nicht überhitzten (die Morgen- oder Abendstunden wählen). Halten Sie daheim die offene Klappe der Transportkiste vor die geöffnete Käfigtüre. Der Vogel wird sicher sofort aus seiner Dunkelhaft ins Helle drängen. Versucht er, statt in den Käfig, außen am Käfig hochzuklettern, halten Sie energisch die flache Hand über seinen Kopf. Die ihm unangenehme Berührung mit der Hand wird ihn dazu bringen, in den Käfig zu klettern. Die Käfigtüre schließen und sichern. Nun noch mindestens zwei Futternäpfe mit der gewohnten Grundnahrung füllen. Danach sollte man sich dem Vogel nur noch aus einiger Entfernung zeigen, beruhigend zu ihm sprechen, um ihn dann möglichst einige Stunden alleinzulassen. Der von Natur aus scheue Graupapagei muß sich zunächst vom Schock des Transports erholen und ohne erneute Schrecken durch fremde Menschen seine Umgebung betrachten können. Der Vogel hat möglicherweise in Gegenwart von Menschen so viel Angst, daß er nicht wagt, sich aus dem Napf Körner zu nehmen, deshalb gönnt man ihm in den ersten Wochen wiederholt stundenweises Alleinsein.

Behutsames Eingewöhnen

Zunächst wird der Papagei ängstlich sein, wann immer man sich dem Käfig nähert, er wird sich durch Anpressen der Federn schlank machen, laut schreien, flattern, fauchen oder knurren, sich in eine Ecke drücken oder sich verzweifelt an die Gitterstäbe klammern. Dennoch müssen Sie täglich Körner und Wasser erneuern sowie den Sand vom Kot säubern. Dies alles kann jedoch von außen erledigt werden, noch brauchen Sie nicht im Käfiginneren zu hantieren.

Bewegt sich ein Graupapagei auf einer ebenen Fläche, läuft er – durch seine leicht nach innen gerichteten Greiffüße bedingt – über den »großen Onkel«.

Sprechen Sie bei jeder Tätigkeit am Käfig ruhig mit dem Vogel, sagen Sie ihm stets mehrmals seinen Namen und gebrauchen Sie immer die gleichen Sätze. Gewöhnen Sie ihn von Anfang an an den Morgen- und Abendgruß. Vermeiden Sie möglichst Schreckerlebnisse für den Vogel, etwa durch knallende Türen, Kindertrubel oder Hundegebell in seiner Nähe. Für einige Zeit sollte das gewohnte tägliche Leben der Familie im Vogelzimmer in etwas gedämpfter Lautstärke ablaufen.

Die ersten Wochen mit dem Vogel

Die erste Zeit der Schonung darf nicht in Beklemmung für den Vogelhalter und seine Familie ausarten. An den Staubsauger muß sich der Papagei ohnehin sehr bald gewöhnen, denn sicher liegen schon nach wenigen Tagen in Käfignähe Körnerreste und ausgefallene Federchen auf dem Boden. Man beginnt am besten in der entferntesten Ecke des Zimmers zu saugen, spricht dabei trotz des Staubsaugergeräusches beruhigend mit dem Vogel und nähert sich dem Käfig nur sehr langsam. Mag er die ersten Male auch ängstlich oder gar tobend reagieren, diesen Vorgang muß er verstehen lernen.

Etwas mulmig wird einem noch nicht an Papageien gewöhnten Pfleger zumute sein, wenn er zum ersten Mal in den Käfig greifen muß, um Sitzstangen und Gitterstäbe von Kot zu säubern. Am besten hat man neben dem Käfig Papiertücher liegen und reinigt eine verschmutzte Stelle sofort nach dem Geschehen. Ist der Kot noch weich, läßt er sich rasch entfernen, trocknet er an, wird Kratzbehandlung nötig sein, die natürlich viel gefährlicher für den Vogel wirkt. Bleiben Sie aber auch dann gelassen, wenn der Graue nach Ihnen hackt! Nur nicht erschreckt zurückfahren, das würde ja signalisieren, daß seine Angriffe erfolgreich sind. Es wird nicht sehr wehtun, denn das Hakken ist für den Papagei eine Mutprobe. Um Sie wirklich zu verletzen, müßte er schon ganz nahe an die Hand kommen und fest zubeißen, und das traut er sich – noch – nicht. Aber versuchen Sie, daß der Schnabel nur den Handrücken trifft und keinen Finger zu fassen bekommt.

Nach diesem ersten Hantieren im Käfiginneren sollten Sie täglich mindestens einmal hineingreifen, weil sich der Vogel daran gewöhnen soll, daß von der Hand keine Gefahr droht. Bieten Sie ihm jedesmal ein Stückchen Obst aus der Hand an oder etwas, was er bereits kennt und mag. Nimmt er es noch nicht, legen Sie Ihre Gabe in einen Futternapf. Nimmt er es eines Tages vorsichtig mit dem Schnabel aus der Hand, ist schon viel gewonnen.

Die ungestörte Nachtruhe

Die afrikanische Heimat des Graupapageien liegt in Äquatornähe. Eine nahezu konstante Dauer der Tage und Nächte ermöglicht es den Tieren, über fast 12 Stunden hinweg Nahrung zu sich zu nehmen, was zu deren Wohlbefinden nötig ist. Lassen Sie Ihren Papagei deshalb während des Winterhalbjahres nicht zu lange im Dunkeln leben. Eine nicht blendende Lampe in Käfignähe sollte die kurzen Tage verlängern. Wem das verläßliche Lichtanmachen nicht möglich ist, könnte das auch einer Zeitschaltuhr übertragen oder sogar einer Dämmerungsschaltuhr (im Elektro-Fachhandel erhältlich). In jedem Fall rate ich zu einer allnächtlichen Orientierungsbeleuchtung durch eine schwache Lampe (mit einer 10- oder 15-Watt-Birne), jedoch nicht in der Nähe des Käfigs.

Ungewohnter Lärm wie schlagende Autotüren, Bremsenknirschen, ein starkes Gewitter, könnten den Vogel erschrecken. Er versucht dann zu fliehen und kann sich beim Flattern im engen Käfig verletzen. Kann er sich aber im schwachen Lichtschein orientieren, wird er den ungewohnten Lärm nicht als unmittelbare Gefahr einstufen, da in seiner näheren Umgebung nichts Ungewöhnliches wahrzunehmen ist. Kommt es dennoch während der Nacht einmal zu ängstlichem Flattern, sollte man seinen Papagei möglichst aufsuchen und bei gedämpftem Licht beruhigend mit ihm sprechen.

Soll der Käfig nachts mit einem Tuch zugedeckt werden oder nicht? Ich finde nein. Strahlt eine Straßenlaterne voll ins Zimmer, wären Vorhänge die bessere Abhilfe; muß bis spät in die Nacht bei hellem Licht gearbeitet werden, könnte der Käfig durch ein nur auf den Arbeitsplatz gerichtetes Licht im Lichtschatten bleiben. Doch ist das Abdecken des Käfigs mit einer dicht gewebten Decke nötig, wenn der Raum gelüftet wird, um Zugluft oder im Winter kalte Luft abzuhalten.

Ehe Sie das Zimmer für die Nacht verlassen und das Hauptlicht ausschalten, vergewissern Sie sich, ob Ihr Papagei auch seinen gewohnten

Schlafplatz eingenommen hat; möglicherweise käme es zur gestörten Nachtruhe, müßte der Vogel sich seinen Platz erst im Dunkeln suchen.

Bewegungsfreiheit außerhalb des Käfigs

Sobald Ihr Papagei erkennbares Interesse an seiner Umgebung zeigt und seine anfängliche Furchtsamkeit nachgelassen hat, können Sie ihn – zunächst stundenweise – an den Aufenthalt außerhalb des Käfigs gewöhnen. Schließen Sie zuvor jedesmal die Türen und Fenster, und sorgen Sie dafür, daß niemand heftig die Tür von außen öffnet (der Vogel könnte im Türbereich sitzen und die Türe würde ihn dann verletzen oder zumindest erschrecken). Zum Verhängnis werden oft auch Fensterscheiben ohne Gardinen. Falls der Graupapagei fliegen kann, wird er zielsicher ins Helle fliegen. Ein heftiger Aufprall auf die Fensterscheibe könnte zu schweren Verletzungen und zum Tod durch einen Genickbruch führen. Sind die Fensterscheiben nicht durch Gardinen zu bedecken, muß der Vogel allmählich an die Raumbegrenzung durch die Glasscheiben gewöhnt werden: Man läßt die Jalousetten oder Rollos bis auf etwa 30 cm herab und vergrößert die vom Rollo unbedeckten Fensterflächen täglich um einige Zentimeter. Bleiben Sie während der ersten Ausflüge stets im Zimmer, um nötigenfalls helfend eingreifen zu können.

Papageienfreisitz (im Zoofachhandel erhältlich) mit runden, gedrechselten Sitzstangen. Die Stangen können später, wie hier dargestellt, durch Naturäste ersetzt werden (Befestigung der Äste → Detailzeichnung).

Die Reaktion auf die offene Käfigtür ist nicht voraussagbar. Die meisten Graupapageien werden neugierig und bewegungshungrig die Gelegenheit nützen und sofort auf das Käfigdach klettern. Vielleicht verharrt der Ihre aber zunächst verdutzt ob der Veränderung noch etwas auf seiner Sitzstange, um Mut für seine erste Exkursion zu sammeln. Doch einmal wird er es wagen. Jetzt werden Sie bald wissen, ob Ihr Vogel fliegen kann oder ob man ihm gleich nach dem Fang die Schwungfedern gestutzt hat.

Der flugunfähige Graupapagei wird beim ersten Flugversuch kläglich zu Boden flattern, vielleicht sogar fallen. Dann braucht er Ihre Hilfe: Halten Sie eine kleine Leiter (im Zoofachhandel erhältlich) oder zwei aufeinandergestellte Holzsteigen bereit, um ihm den Rückzug kletternd zu ermöglichen. Am besten bringt man dann für immer ein stabiles Gestell am Fuß des Kletterbaumes an, damit er stets ohne Hilfe auskommen kann.

Der flugfähige Papagei wird abfliegen und hoffentlich den für seine Schwungkraft kleinen Raum ohne Aufprall meistern. Geht alles gut, landet er bestimmt auf einem möglichst hochgelegenen Platz, einem Schrank, dem Bücherregal, der Lampe, der Vorhangstange oder was sich sonst anbietet. Wurde jedoch ein ansehnli-

cher Kletterbaum zuvor aufgestellt, wird höchstwahrscheinlich dieser das erste Ziel für den Anflug sein. Wenn dann die Möglichkeit besteht, von dem Kletterbaum aus auf dem »Fußweg« den Käfig zu erreichen, gibt es kaum Probleme mit der Rückkehr in den Käfig.
Bleibt der Graupapagei aber verunsichert auf einer anderweitigen hohen Warte sitzen und wagt den Rückflug nicht, so sollten Sie geduldig warten. Einmal wird der Hunger seinen Rückflug zum Käfig veranlassen. Nötigenfalls wäre es besser, den Vogel auch die Nacht auf seinem Fluchtplatz verbringen zu lassen, als ihn mit welchen Mitteln auch immer aufzuscheuchen.
Nach Möglichkeit sollte man einen noch nicht zahmen Papagei nicht mit der Hand greifen. Dies würde sein eben aufkeimendes Vertrauen in den Menschen nachhaltig erschüttern.
Noch ein wichtiger Hinweis: Will man Schnabelspuren an Möbelkanten, Polstermöbeln, Tapeten, Vorhängen und Kleidung verhindern, hilft nur ausreichende Beschäftigungsmöglichkeit auf dem Kletterbaum, viel Zuwendung von Ihnen und seltenes Alleinlassen. Erziehen kann man einen Graupapagei nicht! Man kann ihm nur einiges beibringen, muß aber das verbietende »Nein, nein« bei jedem erneuten Angriff auf Gegenstände wiederholen und daher anwesend sein. Die beste und einzige Möglichkeit der »Erziehung« ist gleichbleibende verständnisvolle Behandlung. Belohnungen werden durchaus verstanden und durch entsprechendes Verhalten angestrebt. Strafen dagegen empfindet der Graupapagei als befremdlich bis fürchterlich, die Fähigkeit der Einsicht ist ihm meiner Meinung nach versagt.

Spielzeug und Beschäftigung

Auch wenn Ihr Graupapagei vorwiegend seine Tage auf dem Kletterbaum verbringt, müssen Sie seine angeborene Scheu vor dem Menschen in kleinsten Schritten abbauen. Da er täglich aus Ihrer Hand einige Leckerbissen bekommt, hat er Sie wahrscheinlich schon als ungefährlich eingestuft. Das nächste in des Widerspenstigen Zähmung sollte bereits zaghafter Körperkontakt sein. Versuchen Sie, mit einem kleinen Stöckchen sanft über den Kopf des Grauen zu streichen, vielleicht das Nackengefieder zart etwas gegen den Strich aufzurichten. Eines Tages dürfen Sie ihn dann mit dem Finger kraulen, aber es wird noch eine Weile dauern, ehe der Papagei durch Senken des Köpfchens andeutet, daß er gekrault werden möchte.

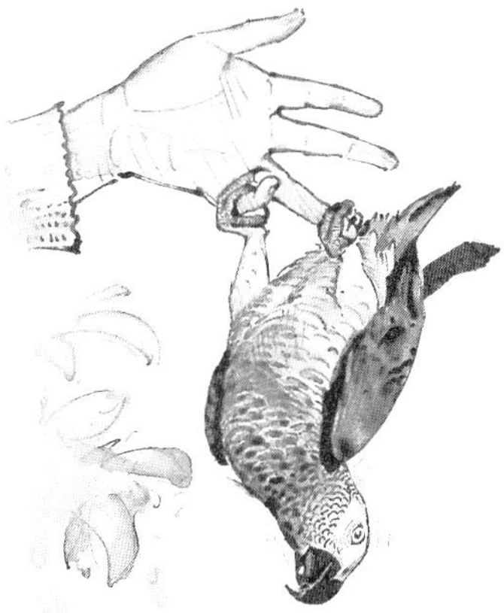

Graupapageien sind kleine Akrobaten; ein zutraulicher Vogel hängt sich auch kopfunter an die Hand seines Pflegers.

Der Vogel braucht aber auch einige Dinge, mit denen er sich selbst beschäftigen kann. Womit ein Graupapagei viel oder nichts anfangen kann, ist recht unterschiedlich. Man sollte dem Vogel möglichst täglich frische Zweige zum Zernagen geben – heiß abgespült und getrocknet. Geeignet sind Zweige von Ahorn, Buche, Eiche, Erle, Esche, Holunder, ungespritzten Obstbäumen, Pappel, Weide, Weißdorn.
Zur Beschäftigung anbieten kann man ihm Gegenstände wie ein dickes Tauende mit Knoten, eine kurze großgliedrige, rostfreie Kette, höl-

zerne Gardinenringe, lederne Würfelbecher, Postkarten, leere Klopapierrollen oder Holzspielzeug aus dem Zoofachhandel. Alles, was dem Graupapagei zur Beschäftigung angeboten wird, legt man einfach in erreichbare Nähe oder macht es am Kletterbaum fest. Er muß selbst entscheiden, ob und wann er damit spielen will. Achtung: Keine Gegenstände aus Plastik, Kunststoff, Zelluloid, Glas, keine leere Verpackung von gesundheitsschädlichem oder giftigem Inhalt anbieten, diese können mit tödlichen Folgen zernagt werden.

Der sprechende Papagei

Noch bevor ein gut eingewöhnter Graupapagei wirklich zahm ist, nämlich intensiven Körperkontakt zum Menschen sucht, sich kraulen, streicheln, greifen läßt, auf die Schulter des Menschen klettert, den menschlichen Kumpan putzt oder gar füttert, wird er stimmlichen Kontakt zu den Lebewesen seiner Umgebung aufnehmen. Schrilles Schreien und Kreischen verlieren sich allmählich oder sind seltener zu hören. Der nicht übermäßig laute Pfiff »Hü-o-hüt«, der in der Tonfolge von oben nach unten und wieder nach oben führt, ist von fast allen Graupapageien auch nach jahrelangem Aufenthalt in Familien oder Volieren zu hören. Er scheint zum arteigenen Repertoire der Graupapageien zu gehören und läßt sich vom Menschen so leicht nachahmen, daß über ihn wohl ganz unbewußt die erste stimmliche Kommunikation entsteht. Je nach Stimmung produziert der Vogel außerdem Geräusche wie Schnabelknacken, Klicklaute, Fiepen, Fauchen, Knurren und imitiert Laute, die er oft hört, wie beispielsweise den Husten eines Mitbewohners. Mit der Zeit nimmt er auch Bruchstücke oder ganze Wörter aus der Sprache auf. Vielleicht kann man zunächst nur raten, was wiederholt geäußerte wortähnliche Gebilde bedeuten.

Tips für den »Sprechunterricht«

Wenn Sie die ersten wortähnlichen Versuche bei Ihrem Graupapagei wahrnehmen, so sollten Sie seine Bemühungen unterstützen. Wann immer Sie das Vogelzimmer betreten, rufen Sie ihm deutlich einen kurzen Gruß zu wie »Hallo Nicki«, »Komm mein Schatz«, »Grüß dich«. Bringen Sie einen Leckerbissen stets mit der gleichen Bemerkung, vielleicht »Jetzt gibt's was Gutes«. Sagen Sie dem Papagei, wenn er das Köpfchen senkt, um gekrault zu werden, »Komm, kraul ein bißchen«, loben Sie ihn mit stets denselben Worten »Ja, du bist brav«. Natürlich wird er täglich mit »Guten Morgen« begrüßt und mit »Gute Nacht« verabschiedet. Je interessierter Ihr Papagei am »Gespräch« mit Ihnen ist, desto öfter sollten Sie das bereits Erlernte wiederholen und ihm nach und nach immer neue Wortkombinationen vorsprechen. Natürlich muß der Vogel bereit zum Zuhören sein. Klettert er gerade waghalsig umher, ist er mit einem Gegenstand beschäftigt, wird er Ihnen wenig Aufmerksamkeit schenken. Aber Sie werden rasch herausfinden, zu welchen Zeiten Sie einen geduldigen »Schüler« vor sich haben. Wichtig ist, daß man unvollkommen gesprochene Wörter sofort vollständig und stets langsam noch einmal wiederholt. Sprechen Sie dem Vogel jeden Abend, wenn er bereits seinen Schlafplatz aufgesucht hat, noch einmal deutlich seinen Wortschatz, vor allem die Wörter vor, die er erlernen soll.
Besonders reizvoll ist das Nachahmungsvermögen des Graupapageien, wenn er – ausgestattet mit einem überaus guten Gedächtnis – Geräusche, Wörter oder Sätze in der passenden Situation anwendet. So braucht vielleicht jemand nur das Taschentuch zu ziehen und der Vogel läßt sofort das dazugehörige Geräusch hören. Oder beim Klingeln des Telefons ertönt sein freundliches »Hallo«. Konrad Lorenz berichtet, daß der Graupapagei von Professor Otto Koehler jedesmal mit wohlwollender Bierstimme »Na, auf Wiedersehen« sagte, sobald ein Besucher sich vom Platz erhob.

Der zahme Papagei

Der Stimmkontakt zwischen dem Graupapagei und seinem Betreuer oder auch anderen Mitbewohnern gibt dem Vogel immer mehr Sicherheit und stärkt das Vertrauen in seine neue Umgebung. Vielleicht läßt sich Ihr Vogel inzwischen schon manchmal kraulen und hat begriffen, daß die menschliche Hand nur Gutes bringt. Um den Vogel aber völlig hand- oder schulterzahm zu machen, braucht man noch viel Geduld. Leider ist niemand gegen Rückschläge gefeit. Selbst während einer zärtlichen Kraul-Zeremonie kann Ihnen widerfahren, daß der überaus sensible Vogel jäh nach Ihnen hackt, ohne daß Sie vielleicht feststellen können, was ihn so beunruhigte, worüber er möglicherweise erschrocken ist. Eines sollte man sich stets vergegenwärtigen: Ein Graupapagei ist nicht böse, nicht heimtückisch, nicht rachsüchtig, nicht falsch oder was es sonst an Attributen gibt, die sich ohnehin ausschließlich auf Menschen anwenden lassen, sondern höchstens falsch oder schlecht behandelt worden!

Ratschläge fürs Handzahmmachen
Es gibt kein allgemeingültiges Rezept für das Zähmen eines Graupapageien. Folgende Ratschläge erfuhr ich von Papageienhaltern und aus Büchern:

- Den begehrten Leckerbissen nicht mehr direkt vor den Schnabel halten, sondern ihn vom Handrücken, vom Unterarm, von der Schulter und schließlich aus dem Schoß holen lassen.
- Den Vogel daran gewöhnen, auf einen vorgehaltenen Stock zu steigen, so kann man ihn, ohne ihn greifen zu müssen, nötigenfalls zum Käfig oder Kletterbaum tragen.
- Den Vogel immer auf sich zukommen lassen, nicht umgekehrt! Und wenn er kommt, nicht sofort streicheln, nur reden und vielleicht eine eßbare Belohnung bereithalten.

Die namhafte Papageienkennerin Rosemary Low schreibt, nur eine geringe Anzahl von Papageien werde wirklich zahm. Oft seien falsche Behandlung und zuwenig Zuwendung daran schuld. Karl-Herbert Delpy schreibt, unter einem Jahr Eingewöhnungszeit sei kein Graupapagei ein hoffnungsloser Fall! Aus eigenen Erfahrungen muß ich sagen, manche Graupapageien brauchen sogar einige Jahre, um zahm zu werden. Und kein Individuum gleicht einem anderen aufs Haar. Viele Graupapageien werden problemlos auf Arm oder Schulter steigen, am Menschen hochklettern oder sich auf einem Stock herumtragen lassen. Andere bleiben ein »Rühr-mich-nicht-an«, sind aber auf ihre Weise zahm und hängen hingebend an ihrem Pfleger. Mein Moses getraut sich beispielsweise bis heute noch nicht auf die Schulter zu steigen, obgleich ich insgesamt Stunden in geduckter Haltung vor ihm verharrte, um ihm diesen schweren Entschluß zu erleichtern. Obgleich er von sich aus jeden körperlichen Kontakt meidet – außer dem des Gekraultwerdens – genießt er es sichtlich, wenn man ihn sacht von hinten greift, gegen die Brust drückt und ihn dann ausdauernd streichelt. Durch Spielen mit dem Vogel, durch Kraulen, durch immer wieder andere Gegenstände zur Beschäftigung, durch ständiges Dabeisein gewöhnt sich ein Graupapagei – wenn es auch manchmal sehr lange dauern kann – an Men-

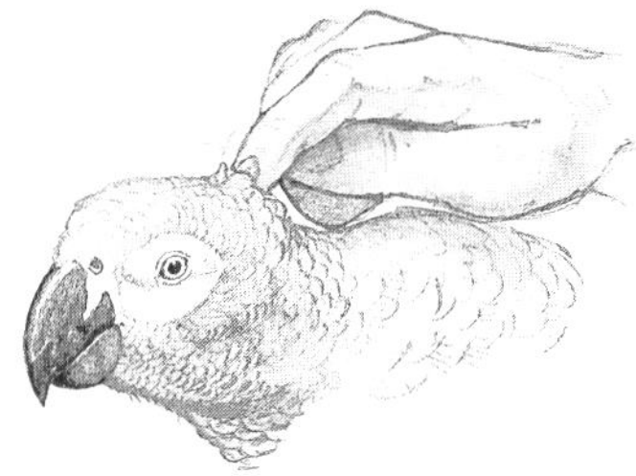

Köpfchenkraulen mag fast jeder Graupapagei. Kraulen Sie ihn aber nur mit einem Finger, nicht mit der ganzen Hand.

schen und an deren Wohnbereich, verliert mehr und mehr an scheuer Zurückhaltung und fühlt sich letztlich völlig zur neuen Schar gehörend. Und mehr sollte man auch nicht erwarten, denn ein Vogel ist kein Streicheltier, kein Puppenersatz, sondern ein freiheitsliebendes Wesen, das jegliches Bedrängtwerden meidet, aber freiwillig durchaus seine Sympathien verschenkt.

Schutz vor Gefahren

Maßnahmen gegen Gefahren und Unfälle zeigt der Gefahrenkatalog auf Seite 24.

Sicherung von Fenster und Türen

Die größte Gefahr für alle Heimvögel ist das Wegfliegen. Wie man einen Graupapagei daran hindern kann, hängt weitgehend von Ihren Gewohnheiten und von den räumlichen Gegebenheiten ab. Wer am liebsten bei weit geöffneten Fenstern lebt, im Sommer Balkon- oder Terrassentüre offenhalten möchte, wer der ständigen Aufmerksamkeit aller Mitbewohner für stets geschlossene Türen und Fenster nicht bedingungslos vertrauen kann, muß die Fenster vergittern und vor Türen, die ins Freie führen, Gittertüren anbringen lassen. Vorsicht: Stores vor offenen oder auch nur gekippten Fenstern sind kein ausreichender Schutz. Ein Graupapagei meistert Stores und Gardinen kletternd und fertigt auch das nötige Loch zum Durchschlüpfen selbst an. Angelehnte Fenster vermag ein Großpapagei spielend mit seinem kräftigen Schnabel zu öffnen.

Flügelstutzen

Wer Mühe und Ausgaben für die Gittersicherung scheut, muß seinen Graupapagei weitgehend flugunfähig machen, um sein Entkommen zu verhindern. Dabei dürfen Sie keineswegs experimentieren. Den ersten Schnitt läßt man unbedingt vom Tierarzt, einem wirklich erfahrenen Zoofachhändler oder von einem Züchter vornehmen und prägt sich die Methode für die Zukunft gut ein. Die Ansichten über die Art des Schneidens der Schwungfedern gehen jedoch so auseinander, daß ich die Schnittführungen schildern muß.

Abzulehnende Schnittführungen: Einige Experten raten, die Schwungfedern nur eines Flügels zu schneiden. Nachteil: Der Vogel kann sich mit dem unversehrten Flügel flatternd von oben nach unten bewegen, jedoch durch die Einseitigkeit nicht das Gleichgewicht halten. Tödliche Unfälle haben sich dabei ergeben. Eine andere Möglichkeit: beidseitiges Beschneiden der Schwungfedern. Nachteil: Auch wenn man die ersten beiden großen Schwungfedern stehenläßt, wirkt der Vogel verstümmelt.

Empfehlenswerte Schnittführung: Bei der Methode, auf der Sie unbedingt bestehen sollten, werden die Schwungfedern beidseitig mit einer scharfen Schere abgeschnitten – keineswegs ausgerupft, was Tierquälerei wäre. Jede zweite Schwungfeder wird etwa 3 cm über der Haut, in der die Kiele stecken, abgeschnitten; dabei bleibt die erste äußere Schwungfeder unberührt, die zweite wird gekürzt, die dritte bleibt stehen und so im Wechsel fortfahren. Auf diese Weise ist der Graupapagei nicht ganz flugunfähig, jedoch behindert genug, um nicht fliegend entkommen zu können. Notfalls kann er aber flatternd vor Gefahr fliehen und schwere Stürze werden vermieden. Ein bis zweimal jährlich muß diese Prozedur allerdings wiederholt werden, denn während der Mauser wirft der Graupapagei auch die Kiele der abgeschnittenen Federn ab. Die nachwachsenden Federn erreichen ihre volle Länge wieder. Man muß seinen Vogel also immer gut beobachten, um rechtzeitig zu bemerken, wann er wieder voll flugfähig ist.

Gefahrenkatalog

Gefahrenquelle	Auswirkungen	Vermeiden der Gefahren
Badezimmer	Wegfliegen bei gekipptem Fenster. Ertrinken durch Abrutschen ins offene WC oder gefüllte Waschbecken (Wanne). Vergiftungen durch Putzmittel und Chemikalien).	Papagei aus Badezimmer fernhalten; Badezimmertür niemals offenstehen lassen.
Elektrokabel	Stromschlag durch Benagen oder Durchbeißen.	Leitungen unter Putz, Teppichen, hinter Schränken verlegen oder durch Metallhülsen schützen; Stecker ziehen.
Gifte	Vergiftungen; tödlich sind Blei, Grünspan, Nikotin, Rost, kunststoffbeschichtete Pfannen, Putz- und Pflanzenschutzmittel, Quecksilber; gesundheitsschädigend sind Bleistiftspitzen, Kugelschreiber- und Filzstiftminen, Alkohol, Kaffee, scharfe Gewürze.	Alle giftigen Gegenstände beziehungsweise Stoffe aus der Umgebung des Vogels entfernen beziehungsweise unerreichbar für ihn aufbewahren. Besondere Vorsicht bei Blei – Bleiband von Gardinen!.
Glasscheiben	Dagegenfliegen, dadurch Gehirnerschütterung oder Genickbruch.	Glasscheiben (Fenster, Balkontüren, Glaswände) mit Gardinen bedecken oder Papagei an die für ihn unsichtbare Raumbegrenzung gewöhnen (→ Seite 23).
Klebemittel	Vergiftungen mit Todesfolge durch verdunstete Lösungsmittel.	Bei Verwendung von Klebemitteln (Reparaturen, Bastelarbeiten, Fußbodenverlegen) alle Tiere aus dem Raum entfernen und nach getaner Arbeit sehr gründlich lüften.
Küche	Dämpfe und Dünste belasten die Atemwege; überhitzte Küche, auch notwendiges Lüften führen zu Erkältungen und Krankheiten anderer Art. Achtung: Verbrennen an heißen (abgeschalteten) Herdplatten, an heißen Speisen in offenen Gefäßen.	Vogel nicht in Küche halten oder regelmäßig gut lüften – darauf achten, daß keine Zugluft entsteht. Auf nicht benutzte heiße Herdplatten Topf mit Wasser stellen; Gefäße zudecken.
Pflanzen	Vergiftungen, oft mit Todesfolge; Pflanzen, Bäume und Sträucher, die giftig sind → Seite 30.	Auf giftige Pflanzen in der Umgebung des Vogels verzichten; keine Zweige giftiger Bäume oder Sträucher zum Benagen geben.
Türen	Einklemmen, Zerquetschen bei unachtsamem Schließen oder Öffnen der Tür. Wegfliegen.	Unfall und Entkommen sind nur durch größte Achtsamkeit zu vermeiden.
Zigaretten	Verräucherte Luft schadet, Nikotin ist tödlich.	Am besten in der Umgebung des Vogels nicht rauchen, wenigstens aber regelmäßig lüften (Zugluft vermeiden!). Zigaretten für den Vogel unerreichbar aufbewahren.
Zugluft	Erkältungen, Lungenentzündung.	Zugluft unbedingt vermeiden! Prüfen, ob Käfigstandort absolut zugfrei (→ Seite 15); beim Lüften Käfig zudecken oder in anderen Raum bringen.

Unerläßliche Hygiene

Den wichtigsten Teil der Hygiene übernimmt ein Graupapagei selbst, indem er insgesamt einige Stunden am Tag mit Gefiederpflege beschäftigt ist. Unermüdlich zieht er nach und nach alle Federn durch den Schnabel, befreit sie dabei von Staub und glättet sie. Mehrmals schüttelt er während des Sichputzens sein gesamtes Federkleid gründlich durch, wobei kleinste Partikel der Puderdunen und locker sitzende Federn abgestoßen werden.

Insgesamt mehrere Stunden am Tag ist der Vogel mit Gefiederpflege beschäftigt, dabei dreht und wendet er sich, um auch die Schwanzfedern zu glätten.

Das Sprühbad

Was der Papagei bei Ihnen entbehren muß, ist ein warmer Tropenregen, der in seiner Heimat als feiner Sprühregen durch Laub und Geäst der Wohnbäume dringt. Deshalb sollten Sie Ihrem zahmen oder wenigstens nicht mehr furchtsamen Vogel zweimal wöchentlich – im Sommer auch öfter – einen Ersatz dafür anbieten, indem Sie ihn aus einer Sprühflasche mit lauwarmem Wasser berieseln (aber nur eine Sprühflasche verwenden, die garantiert niemals mit Pflanzenschutzmitteln in Berührung kam!). Vielleicht hat er zunächst etwas Angst vor dem ungewohnten Ding – aber bei Wiederholungen wird er das Sprühbad bestimmt als eine Wohltat schätzen lernen. Dabei soll der Vogel nicht triefend naß werden, sondern nur die Deckfedern sollten befeuchtet sein. Genießt es der Graupapagei, wird er sich drehen und wenden, die Flügel abheben, vielleicht sogar kopfunter an einem Ast hängen, um jede Körperpartie den Wasserstrahlen darzubieten.
Lebt der Vogel auf einem Kletterbaum, ist das Besprühen unproblematisch. Muß er dagegen im Käfig besprüht werden, könnte man die Bodenschale entfernen und den Käfig auf ein Frottiertuch stellen. Möglicherweise benützt der Graupapagei auch eine Schale für ein richtiges Bad. Man kann eine schwere Tonschale (etwa 5 cm hoch) mit lauwarmem Wasser anbieten.

Regelmäßige Reinigungsarbeiten

Zur Hygiene gehört auch das tägliche Reinigen aller Futternäpfe. Sie werden mit klarem heißem Wasser ohne Zusatz ausgespült, abgetrocknet und wieder gefüllt. Aus dem Sand im Sandschuber schöpft man mit einem nur dafür bestimmten Löffel Kot und Nahrungsreste heraus und füllt etwas frischen Sand nach. Sehr verschmutzte Sitzstangen und Äste müssen mit einem Messer abgeschabt und feucht abgerieben werden. Natürlich wird man auch den Boden in Käfignähe täglich reinigen.
Einmal wöchentlich werden Bodenschale und entleerter Sandschuber heiß gewaschen und abgetrocknet – als einzigen Zusatz zum Wasser kann man ein Desinfektionsmittel verwenden (nach Gebrauchsanweisung), zum Beispiel AF-404® oder Vigorid®. Im Abstand von 3 bis 4 Wochen desinfiziert man den gesamten Käfig, den Kletterbaum, den Ständer und alle vom Vogel benützten Gegenstände. Das Gitterhaus des Käfigs zuvor in der Badewanne heiß abbrausen (sehr große Käfige und Volieren heiß abwaschen), dann alles nach Vorschrift auf der Packung des verwendeten Mittels desinfizieren.

Die Ernährung

Die Grundnahrung

Als Grundnahrung bieten Zoo- und Samenfachhandlungen abgepackte Futtermischungen aus Körnern, Nüssen und Samen an, die speziell den Bedürfnissen von Großpapageien entsprechen. Diese Grundnahrung enthält 60% gestreifte, schwarze und weiße Sonnenblumenkerne, 5% Rohreis, 5% Nackthafer oder geschälten Hafer, 5% Hanf, 5% Weizen, 5% geschälte Erdnüsse, 5% Kürbiskerne und Zirbelnüsse, 5% Silberhirse, Buchweizen und Glanz gemischt, 5% Kardisaat. Getrocknete Maiskörner aus Futtermischungen werden nur ausnahmsweise beknabbert. Man sollte sie einige Stunden in Wasser weichen lassen, dann sind sie für den Graupapagei genießbar. Nach diesem Rezept können sich Halter von mehreren Pageien die Grundnahrung selbst zusammenstellen.

Es ist für Papageien lebenswichtig, daß alle Bestandteile der Grundnahrung von bester Qualität sind, nicht falsch, nicht zu lange gelagert wurden und nicht verdorben und verunreinigt sind. Beim Einkauf von abgepackter Körnermischung unbedingt auf das Abpackdatum achten, das auf der Packung eingestanzt ist. Zwischen Abpackzeitpunkt und Kauf sollten nicht mehr als 6 Monate vergangen sein, denn nach der Ernte vergehen mehrere Wochen, manchmal Monate bis zur endgültigen Verarbeitung beim Futtermittelhersteller. Bei Sonnenblumenkernen und Nüssen in der Schale macht man aus jeder gekauften Packung Stichproben, indem man die Schalen entfernt. Zerkauen Sie einen Kern, überlagerte Kerne verraten sich durch ihren ranzigen Geschmack. Schimmelbildung erkennt man eindeutig, Fäulnis riecht. Ungeziefer (Mehlmotten, Getreidekäfer) verrät sich durch zusammengeklumpte Körner und durch spinnwebenfeine Fäden, die die Mischung durchziehen. Sollten Sie eines dieser krankmachenden Merkmale erkennen, werfen Sie die ganze Packung weg oder reklamieren Sie im Geschäft, in dem Sie die Packung erwarben. Jedoch geben Sie Ihrem Vogel nichts davon. Aber auch ohne sichtbaren Grund zur Beanstandung sollten Sie von jeder neuen Packung einige Körner zum Keimen bringen, um sich von deren Nährwert zu überzeugen. Keimen etwa 60% der Körner, ist die Mischung als Grundnahrung für Ihren Papagei geeignet; keimen dagegen nur etwa 20%, erhält der Vogel unzureichende Mengen an nötigen Vitalstoffen und man sollte eine andere Körnermischung erproben.

Gekeimte Körner

Sobald keimfähige Körner Wasser aufnehmen, beginnen in ihnen chemische Reaktionen, die das Keimen veranlassen. Dabei werden vorhandene Vitamine, Mineralstoffe und Spurenelemente aufgeschlossen, wodurch bereits gequollene Körner – mehr aber keimende – an Wert gewinnen. Sonnenblumenkerne, geschälter Hafer und Weizen eignen sich am besten zum Keimen und sind in gekeimtem Zustand besonders wertvoll. Etwa einen Eßlöffel dieser Körner von lauwarmem Wasser bedeckt 24 Stunden stehen lassen. Danach werden diese Körner in einem Sieb lauwarm abgebraust, in ein flaches Schälchen gegeben und mit einem Tellerchen zugedeckt (keine Klarsichtfolie dafür verwenden, denn es muß Luft an die Körner kommen, sonst beginnen sie zu schimmeln). Nach weiteren 24 Stunden kann man sie bereits als Quellfutter, nach 48 Stunden aber als viel wertvolleres Keimfutter reichen. Bevor man sie dem Papagei gibt, braust man die Körner noch einmal gründlich kalt ab und läßt sie auf saugfähigem Papier abtropfen.

Graupapageien sind geschickte Kletterer. Mit akrobatischer Gewandtheit hangelt sich dieser Vogel an einer Gardine entlang. ▷

Wichtig: Gequollene und gekeimte Körner verderben rasch. Geben Sie diese Wertnahrung am besten morgens in einem Extra-Schälchen, und entfernen Sie die Reste nach ein bis zwei Stunden. Diese Vorsichtsmaßnahme verhindert, daß der Vogel bereits in Fäulnis übergehende Körner ißt und dadurch erkranken kann.
Wie lange die Kur mit gekeimten Körnern jeweils dauern soll, bestimmt am besten der Vogel selbst. Einmal an diese Nahrung gewöhnt, wird er sich in den ersten Tagen gierig auf die gekeimten Körner stürzen. Mit der Zeit jedoch kann der Appetit darauf etwas nachlassen. Wenn die Keimnahrung kaum noch berührt wird, kann man die Kur für einige Wochen unterbrechen.
Von Zeit zu Zeit sollten Sie Ihrem Graupapagei aber immer wieder gekeimte Körner anbieten, sie sind wertvolle Aufbaunahrung vor allem während der Mauser, während einer eventuellen Brut sowie während der Aufzucht von Jungen. Aber auch im Winter und im zeitigen Frühjahr, wenn Obst und Gemüse weniger Wertstoffe bieten, sind gekeimte Körner eine ideale Zusatznahrung.

Obst, Gemüse, Kräuter

Die Körnermischung ist für den Graupapagei Ersatznahrung, die allein für eine vollwertige Ernährung nicht ausreicht. In seiner Heimat lebt er vorwiegend von Früchten (die wir ihm allerdings nicht beschaffen können). Deshalb ist es unerläßlich, dem Vogel täglich mehrmals frisches Obst, Gemüse und Kräuter anzubieten, auch wenn er diese für ihn noch unbekannten Dinge zunächst noch ignoriert oder schon nach kurzem Befühlen mit der Zunge fallenläßt. Denken Sie immer wieder daran, ein Graupapagei ist besonders konservativ, vor allem Neuen hat er Scheu, und er muß erst allmählich lernen, daß alles, was man ihm bietet, probierenswert ist. Werden Sie nicht müde, ihm immer wieder ein Kräuterbündel neben die Sitzstange zu hängen, ihm von Ihren täglichen Gemüse- und Salatzutaten einiges roh anzubieten; je abwechslungsreicher, desto eher wird der Vogel zu seinem Wohl auf den Geschmack kommen. Bedenken Sie aber bitte das Wichtigste: Nichts darf dem Vogel direkt aus dem Kühlschrank oder gar angefroren geboten werden. Obst, Gemüse und Kräuter stets gründlich lauwarm waschen, um anhaftende Gifte von Autoabgasen und Pflanzenschutzmitteln zu entfernen. Obst und Gemüse am besten geschält reichen, denn die meisten unzuträglichen Schadstoffe sitzen dicht unter oder auf den Schalen. Nichts darf schimmelig und faulig sein. Bleibt Frischkost über Stunden unberührt, ersetzt man sie durch frische Nahrung.
Verträgliches rohes Gemüse: Auberginen, Chicoreé, Gurken, Kohlrabi, halbreife Maiskolben (pro Tag ein etwa 4 cm langes Stück; die restlichen Kolben einfrieren), Mangoldblätter, Möhren, Paprikaschoten ohne Rippen und Kerne, Spargelstückchen, Spinatblätter, Tomaten, Zucchini.
Unverträgliches Gemüse: Avocados, Grüne Bohnen, Grünkohl, Rosenkohl, Rotkohl, Weißkohl, Wirsing, im Handel erworbener grüner Salat.
Verträgliches Obst: Apfel, Ananas, Aprikose, Banane, Beeren aller Art, Birne, Kirschen, Kiwi, Kürbis mit Kernen, Mandarinen, Mango, Melonen mit Kernen, Orangen, Papaya, Pfirsich, Pflaumen, Weintrauben.
Verträgliche Wildfrüchte und Kräuter: Ebereschen, Hagebutten, reife Holunderbeeren, Feuerdornbeeren, Weißdornbeeren; Hirtentäschel (Blätter und Blüten), Hühnerhirse (in Büscheln mit halbreifen Samen), Kresse, Peter-

◁ Graupapageien unterwegs in der Wohnung.
Oben: Graupapageien im Flug; selbst ein glattes Metallgeländer meistert der Vogel spielend.
Unten: Eine ungewöhnliche Tierfreundschaft – Katze und junge Graupapageien bei der gemeinsamen Mahlzeit.

silie, Vogelmiere (in Büscheln), wolliges Honiggras (in Büscheln mit halbreifen Samen).
Wichtig: Beim Sammeln von Wildfrüchten und Kräutern die Nähe von Autostraßen sowie die Umgebung von mit Insektiziden behandelten Kulturen meiden.

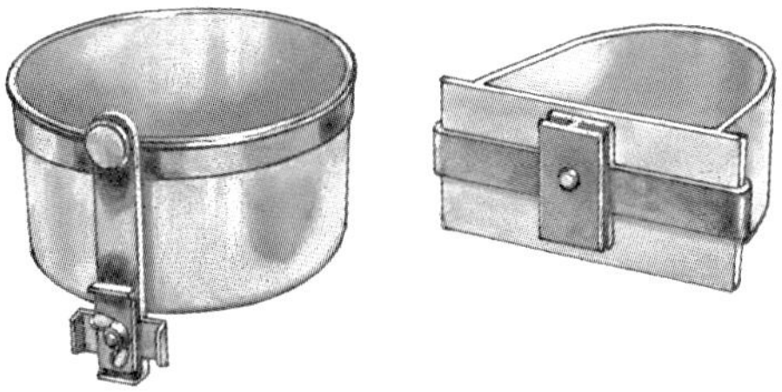

Futtergefäße mit praktischen Halterungen zum Befestigen am Käfiggitter.

Unverträgliche oder giftige Pflanzen: alle Aconitum-Arten, Bilsenkraut, Bittersüß, Brechnußbaum, Christopheruskraut, Christusdorn, alle Dieffenbachia-Arten, alle Helleborus-Arten, Hundspetersilie, Hyazinthen, Kornrade, Immergrün *(Vinica minor)*, Liguster, alle Nachtschattengewächse, Narzissen, Oleander, Pfaffenhut, Porzellanblume, Primeln, Stechapfel, Tollkirsche, Weihnachtsstern.
Wertvolle Zusatznahrung: Bucheckern, Erdnüsse in der Schale, Haselnüsse mit angeknackter Schale, Pinienkerne, Walnüsse mit angeknackter Schale, Zirbelnüsse in angeknackter Schale; hartgekochtes Eigelb (höchstens zweimal wöchentlich); getrocknete, kleingehackte Garnelen; Hundekuchen; Kekse ohne Schokolade oder Zuckerguß; Knospen von garantiert ungespritzten Obstbäumen, Erle, Holunder, Weide; Magerquark, gemischt mit hartgekochtem Eigelb, Semmelbröseln, geriebener Möhre, gehackten Kräutern, Futterkalk (höchstens zweimal wöchentlich, als Aufzuchtfutter auch täglich), Rosinen/Sultaninen, gewaschen und trockengetupft; Zwieback.
Verträgliche Zweige zum Zernagen: – garantiert ungespritzt und nicht von Straßennähe – von Ahorn, Buche, Erle, Esche, Holunder, Linde, Pappel, Vogelbeerbaum, Weide, Weißdorn.
Ungeeignete oder giftige Zweige: von Akazie, Birke, Eibe, Goldregen, Schneeball, schwarzer Heckenkirsche, Stechpalme, Zwergholunder und allen Nadelhölzern.

Trinkwasser, Mineral- und Vitaminzusätze

Trinkwasser sollte dem Graupapagei ständig zur Verfügung stehen. Es muß stets sauber und frisch sein. An heißen Sommertagen erneuert man es zweimal täglich (Leitungs- oder kohlensäurefreies Mineralwasser).
Der Sand auf dem Käfigboden dient nicht nur hygienischen Zwecken, sondern auch als Verdauungshilfe. Der Papagei nimmt aus dem Sand Grit (Sandkörner) auf, die im Muskelmagen zum Zerkleinern der Körner beitragen. Außerdem liefert der Sand Mineralien. Ist der Sand durch den Bodenrost im Käfig für den Vogel nicht erreichbar, muß man Sand in einem Napf anbieten. Harte Schnabelwetzsteine, Sepiaschalen oder Naturkalksteine geben dem Vogel die Möglichkeit, das Schnabelhorn abzunützen und sorgen zugleich für die notwendige Aufnahme von Kalk. Da Wetzsteine und Sepiaschalen aber von manchen Graupapageien unbeachtet bleiben oder in Windeseile aus reinem Zeitvertreib zerbröckelt werden, sollte man über die Körnermischung, auf Obststücke oder in das Gemisch aus Magerquark etwas Futterkalk streuen. Futterkalk wird speziell für Großpapageien im Zoofachhandel angeboten.
Während der Wintermonate, während der Mauser, in besonderen Streßsituationen oder während einer eventuellen Brutsaison sichert die tägliche Gabe eines Multi-Vitaminpräparates aus der Apotheke oder dem Zoofachhandel – über Trinkwasser oder Weichnahrung verabreicht – die ausreichende Versorgung mit lebenswichtigen Nährstoffen.

Die Nahrungsmenge

Je mehr der Vogel seinen Appetit an Obst und Gemüse befriedigt, desto weniger nimmt er von der Körnermischung zu sich. Körner müssen ihm aber konstant und keineswegs rationiert zur Verfügung stehen. Niemals sollte ein Papagei sich im »Heißhunger« hastig vollstopfen. Das wäre schädlich für die Funktion des Stoffwechsels. Doch kann ein Papagei auch vor einem noch ergiebigen Futternapf hungrig bleiben, weil er die noch ganzen Körner unter den leeren Schalen der bereits verspeisten nicht mehr erreicht. Deshalb: Körnermischung etwa zweimal täglich von den leeren Schalen befreien und frische Körner nachfüllen.
Nahrungsmenge: Die beiden Näpfe für Körner mit je einem gehäuften Eßlöffel der Mischung füllen, nach dem Entfernen der leeren Schalen etwa zwei Teelöffel nachfüllen. Von Kräutern und Blättern hängt man zweimal täglich ein kleines frisches Büschel in den Käfig; von Obst und Gemüse darf eine Mischung in der Menge eines Apfels gegeben werden; Rosinen, Nüsse, Zwieback und sonstige kalorienreiche Leckerbissen gibt man sparsam als Belohnung, zum Kontakthalten oder zum Zähmen.
Ein Graupapagei, der genügend Bewegungsfreiheit und Beschäftigungsmöglichkeiten hat, wird nicht aus Langeweile essen und deshalb zu dick werden. Der Vogelhalter wird die Eßgewohnheiten seines Graupapageien beobachten und am Verhalten sowie am Kot feststellen, ob die gebotene Nahrung bekömmlich ist. Milchreife Maiskolben können anfangs zu Durchfall führen, der aber vergeht, sobald sich der Vogel an diese wertvolle Kost gewöhnt hat.
Wichtig: Vor allem morgens muß der Vogel Nahrung vorfinden, um seinen Energiebedarf nach der Nachtruhe decken zu können; am besten abends die Näpfe säubern und frisch für das Frühstück füllen.

Ein zahmer Graupapagei will alles probieren, was sein Pfleger ißt oder trinkt. Wasser und kohlensäurefreie Fruchtsäfte darf er aus einem Glas »mittrinken«, niemals jedoch Alkohol.

Nahrung vom Familientisch

Mancher zahme Papagei erachtet die Mahlzeit seiner Menschenfamilie als Höhepunkt des Tages. Wenn möglich, wird er den Eßtisch erklimmen oder eine Stuhllehne nahe am Tisch, um einige Leckerbissen zu erwischen. Wer sich über den Vogelbesuch am Tisch freut, sollte etwas Bekömmliches für ihn bereithalten. Nur wenige für den Menschen bestimmte Nahrungsmittel sind für einen Graupapagei erlaubt: in nur schwach gesalzenem Wasser gekochte, abgekühlte Teigwaren, Kartoffeln, Gemüse außer Kohl, fast fleischlose Knochen mit knorpeligen Enden von Huhn oder Kalb, wenig geröstetes Brot, Brotrinde, hartgekochtes Eigelb, trockener Kuchen.
Unbedingt verboten sind: gesalzene und gewürzte Speisen, pures Fett, auch verstecktes Fett in Wurst, Fleisch, Käse oder Milch. Streng verboten sind für jeden Vogel alkoholische Getränke, Kaffee und schwarzer Tee.

Gesunderhaltung und Krankheiten

Im allgemeinen wird der Graupapagei als robuster Vogel geschildert, der auch unter ungünstigen Lebensbedingungen noch lange gesund bleibt. Diese Aussage bezweifeln nicht nur ich, sondern auch die mir bekannten Tierärzte. Der Graupapagei als Vogel mit hoher Lebenserwartung läßt eine Störung im Gleichgewicht aller Lebensfunktionen nicht so schnell erkennen wie ein kleinerer, kurzlebigerer Vogel. Weil er viel aushält, kann es länger dauern, bis der Pfleger eine Erkrankung bemerkt. Die häufigsten Gesundheitsstörungen resultieren aus Haltungs- und Ernährungsfehlern, die einen Graupapagei ebenso nachhaltig schädigen können wie die gefürchteten Infektionskrankheiten.
Wie bei jedem anderen Heimtier sind auch beim Graupapagei artgerechte Haltung und Pflege sowie richtige Ernährung die wichtigsten Maßnahmen, um Krankheiten vorzubeugen. Erkrankt der Graupapagei dennoch einmal, dann erlaubt seine grundsätzlich kräftige Natur bei rechtzeitiger Behandlung und guter Pflege berechtigte Hoffnung auf Heilung.

Die Mauser

Die Mauser ist die notwendige Erneuerung des sich abnützenden Gefieders. Ein Graupapagei ist während der Mauser keineswegs krank. Doch ist sie eine Belastung für den Körper, die vermehrte Fürsorge für das Tier erfordert, um nachteilige Folgen auszuschließen.
Während der Mauser ist der Vogel vermehrt damit beschäftigt, am Gefieder zu nesteln und sich zu putzen. Dabei entfernt er mit dem Schnabel locker sitzende Federn, die ihn jukken. Die neuen Federn stecken zunächst in feinen Hüllen, um das Längenwachstum zu erleichtern. Sind diese »Federspießchen« erst einmal 3 bis 4 mm lang, versucht der Vogel das Abfallen der Hüllen durch Nesteln am Gefieder zu beschleunigen.
Fallen dem Graupapagei mehrere große Schwungfedern aus, kann sein Flugvermögen vorübergehend eingeschränkt sein – vorausgesetzt, er konnte vor der Mauser fliegen. Durch die vorübergehende Flugunsicherheit kann sich der Papagei leicht verletzen. Beim Nachwachsen der Schwungfedern muß der Vogelhalter beizeiten daran denken, daß ein vor der Mauser flugunfähiger Vogel durch die nun voll ausgebildeten Federn wieder fliegen kann (→ Flügelstutzen, Seite 23). Vorsicht ist in jedem Fall geboten.
Hinweis: Eine krankhafte Störung muß angenommen und ein Tierarzt konsultiert werden, wenn eine Mauser zu einem auffällig großen Federverlust bis zu kahlen Körperstellen führt, wenn ausgefallene Federn mißgebildet nachwachsen oder wenn sie so zögernd nachwachsen, daß der Vogel einen fast gerupften Eindruck macht. Dann können Mangelerkrankungen, Parasitenbefall, schwerwiegende Haltungs- oder Ernährungsfehler vorliegen.

Der kranke Graupapagei

Wenn Ihr Graupapagei krank ist, bemerken Sie dies bestimmt alsbald an seinem veränderten Verhalten. Er ist dann teilnahmslos, sitzt häufig auf beiden Beinen, hat den Kopf ins leicht geplusterte Rückengefieder gesteckt und hält die Augen fast oder ganz geschlossen. Wenn er nicht schläft, blickt er mit glanzlosen Augen ins Leere, gähnt häufig, verachtet Leckerbissen und fällt durch Appetitlosigkeit auf. Manchmal kann man erhöhtes Trinkbedürfnis feststellen. Meistens fällt eine beginnende Erkrankung auch an verändertem Kot auf, der vielleicht breiig bis wäßrig ist, schaumig, gärig oder gar auffallend verfärbt. Stellt man außerdem noch sichtliche Schwäche fest, weil der Vogel mehr waagerecht als senkrecht auf seinem Ast sitzt, Nasensekret, Augenflüssigkeit oder schleimige Absonderungen aus dem Schnabel, Kurzatmigkeit oder Atemgeräusche, Veränderungen am Schnabel, an den Beinen oder kahle Körperstellen, so sind dies untrügliche Zeichen einer

Krankheit. Der Vogel sollte so bald wie möglich zu einem Tierarzt gebracht und sofort bei gleichbleibender Wärme ohne Ruhestörung gehalten werden.

Erste Hilfe

Sehen Sie eines Tages, daß Ihr Graupapagei einen kranken Eindruck macht, verletzt oder in irgendeiner Form behindert ist, so müssen Sie erste Maßnahmen einleiten oder erste Hilfe leisten.

Infra-Rot-Bestrahlung
Ich empfehle jedem Vogelhalter die Anschaffung eines Infra-Rot-Dunkelstrahlers (Stärke 250 Watt). Die vom Infra-Rot-Strahler gespendete Wärme kann bei vielen Unpäßlichkeiten und Erkrankungen heilsam wirken. (Achtung: Bei allen Anzeichen von Krämpfen und bei Lähmungserscheinungen nicht bestrahlen, sondern sofort zum Tierarzt.) Der Vogel darf nur in seinem geschlossenen Käfig von außerhalb bestrahlt werden. Bei direkter Berührung mit dem Strahler kann das Tier sich schwer verbrennen! Der Strahler muß im Abstand von 30 bis 50 cm so auf den Vogel gerichtet werden, daß das Tier bei Unbehagen im Käfig dem Wärmestrahl gut ausweichen kann. Die Umgebungstemperatur des Vogels sollte 40 °C nicht übersteigen. Fühlt sich der Patient offensichtlich wohler bei der Bestrahlung, darf sie über Stunden – wenn nötig auch über Nacht – ausgedehnt werden. Bei lang andauernder Bestrahlung muß man für genügend Luftfeuchtigkeit sorgen: Zwischen Käfig und Strahler eine mit heißem Wasser gefüllte Schale stellen; das sich abkühlende Wasser stündlich durch heißes ersetzen. Zeigt der Vogel während der Bestrahlung nicht deutlich ein besseres Befinden, beläßt man es vorsichtshalber bei einer Wärmebehandlung von etwa 30 Minuten und wiederholt sie 3- bis 4mal am Tag. Nach der Bestrahlung darf die Temperatur nicht plötzlich absinken. Durch eine einfache Glühbirne kann man für allmählichen Temperaturrückgang sorgen.
Die Infra-Rot-Bestrahlung darf keineswegs die einzige Behandlung eines kranken Papageien bleiben. Hat es sich nicht nur um eine geringfügige Unpäßlichkeit gehandelt, wird die Bestrahlung allein nicht heilen. Der Vogel muß einem Tierarzt vorgestellt werden.

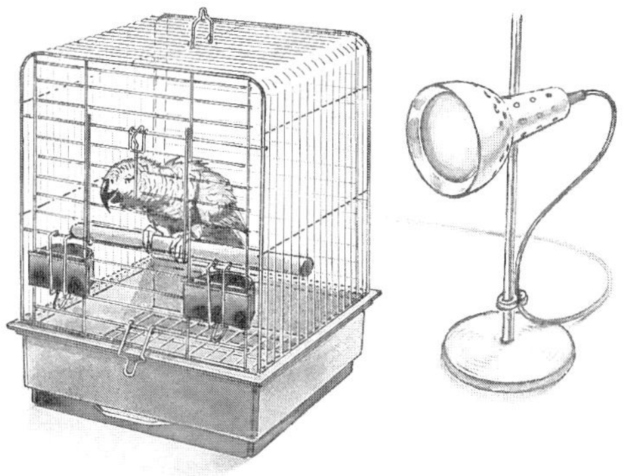

Die Bestrahlung mit einer Infra-Rot-Lampe kann bei vielen Erkrankungen heilsam wirken. Richten Sie den Strahler nur auf eine Käfighälfte, so daß der Vogel bei Bedarf dem Wärmestrahl ausweichen kann.

Hautverletzungen und Blutungen
Kleine Rißwunden an den Füßen, seltener im Bereich des Leibes, können vorkommen und sogar bluten. Dann drückt man etwas blutstillende Watte auf die Wunde und wäscht sie mit lauwarmem Wasser oder durchgeseihtem Kamillentee, sobald die Blutung aufgehört hat. Sollte es jedoch zu einer Hautverletzung mit anhaltend starker Blutung kommen, muß man annehmen, daß ein größeres Gefäß beschädigt wurde. In einem solchen Fall die Wunde mit blutstillender Watte und einer Bandage versehen und den Vogel möglichst sofort zu einem Tierarzt bringen!
Wurden dem Papagei die Schwungfedern beschnitten, so kann es vorkommen, daß er beim Herabflattern einmal so unglücklich mit dem

Schaft einer gekürzten Feder an einem Gegenstand oder auf dem Boden aufstößt, daß die Feder knickt und dabei den Blutkiel beschädigt. Dann tropfen dicke Blutstropfen aus dem Kiel; meist ist die Blutung nach einer Minute vorüber; fällt die beschädigte Feder nicht nach 1 bis 2 Tagen von selbst aus, sollte man sie vom Tierarzt entfernen lassen.

Knochenbrüche
Grundsätzlich muß ein Graupapagei mit einem Knochenbruch vom Tierarzt behandelt werden. Einen geeigneten Verband bei Knochenbrüchen kann ausschließlich der Tierarzt fachgerecht anbringen; auch das Entfernen des Verbandes sollte man dem Arzt überlassen.
Bis zum Gang zum Tierarzt muß der Papagei auf jeden Fall beaufsichtigt und ruhig gehalten werden (in einem stark verdunkelten Zimmer, oder man legt ein dunkles Tuch über den Käfig). Nachdem der Vogel vom Tierarzt versorgt wurde, bringt man im Käfig eine Sitzstange am besten nur etwa 5 cm über dem Käfigboden an, der dick mit Sand ausgestreut wird (eventuellen Gitterrost entfernen). Der Vogel muß von dieser Sitzstange aus mühelos Trinkwasser und Körnermischung erreichen können.

Zu lange Krallen, übermäßiges Schnabelwachstum

Sollten die Krallen Ihres Papageien einmal sichtlich Überlänge erreichen, und Sie beobachten, daß er damit öfter irgendwo hängenbleibt (er könnte sich dabei ernsthaft verletzen), so muß man die Krallen kürzen. Am besten überlassen Sie das dem Tierarzt oder dem Zoofachhändler, denn bei den dunklen Krallen des Graupapageien kann man nur sehr schwer das Blutgefäß, das im Horn liegt, erkennen. Schneidet man zu nahe ans Gefäß, kann der Nerv gequetscht werden, was schmerzhaft ist; wird versehentlich das Gefäß angeschnitten, kann es zu heftigen Blutungen kommen.

Wenn auch selten, so kann es beim Graupapagei doch vorkommen, daß das Schnabelhorn übermäßig wächst und das Tier bei der Nahrungsaufnahme behindert. In diesem Fall muß man das Schnabelhorn von einem vogelerfahrenen Tierarzt schneiden lassen.

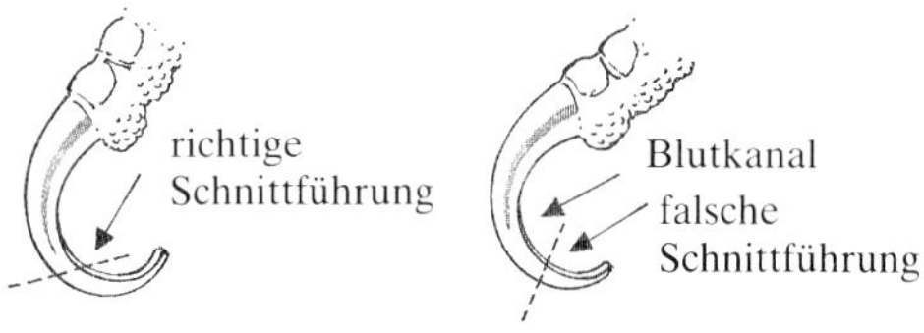

Krallenschneiden: links richtig, rechts falsch gemacht. Achten Sie darauf, daß Sie nicht den durchbluteten Teil der Krallen anschneiden.

Krankheiten, die beim Graupapagei häufiger vorkommen

Federausfall
Um Federausfall handelt es sich, wenn der Vogel ständig Federn abwirft, sich andauernd hastig »putzt« und an Haut und Gefieder nestelt. Allmählich zeigt sich schütteres Gefieder mit nahezu kahlen Stellen, vor allem am Kopf, am Bauch und an den Flügelunterseiten.
Mögliche Ursachen: Federlinge, Läuse, Milben; Mangelerscheinungen, Stoffwechselstörungen, Hormonstörungen; Federrupfen.
Geeignete Maßnahmen: Ob Läuse, Federlinge oder Milben, lassen Sie sich vom Tierarzt oder vom Zoofachhändler ein Ektoparasitenmittel geben. Nehmen Sie den Vogel aus dem Käfig und desinfizieren Sie alle Gegenstände, mit denen der Vogel in Berührung kommt, Käfig, Kletterbaum sowie die gesamte Umgebung im Raum. Der Vogel selbst darf *niemals* mit einem Spray behandelt werden! Spraypartikelchen können in Nase, Schnabel und Augen geraten und den Vogel ernsthaft gefährden. Den Vogel am besten mit Pluridox-Puder (Apotheke) vor-

sichtig pudern, dabei unbedingt Nase und Augen sorgfältig schützen! Da die Eier der Parasiten durch das Mittel nicht mitvernichtet werden, muß die Behandlung nach 5 Tagen, nach weiteren 7 und weiteren 10 Tagen wiederholt werden. Wenn Federausfall nicht durch Parasiten ausgelöst wurde, sollte der Vogel dem Tierarzt vorgestellt werden.

Federmißbildungen

Nachwachsende Federn können Farbe und Form so verändern, daß Ihr Graupapagei allmählich ganz anders aussieht. Oft wird das Gefieder dabei stumpf oder struppig. Schwung- und Schwanzfedern, aber auch die kleineren Federn können in der umhüllenden Scheide steckenbleiben, nur ein kleiner Pinsel entfaltet sich dann am stöckchenartigen oberen Ende.
Mögliche Ursachen: Zu enger Käfig, Bewegungsarmut, Mangelerscheinungen, Hormonstörungen, mangelhafte Durchblutung nach Verletzungen, Federbalgzysten.
Geeignete Maßnahmen: Mehr Bewegungsspielraum, Ernährung überprüfen; der Tierarzt muß mögliche andere Ursachen ausschließen können und geeignete Aufbaupräparate verordnen. Federbalgzysten (Verdickungen unter der Haut) muß der Tierarzt behandeln.

Federrupfen

Dieser »Untugend« verfallen leider Graupapageien nicht selten. Die Folgen können zu ernsthaften Erkrankungen und sogar zum Tod führen. Die Vögel rupfen andauernd am Gefieder und ziehen so einen erheblichen Teil heraus. Der dabei aufkommende Schmerz hält sie nicht davon ab, sich in schlimmen Fällen blutig und bis zur völligen Kahlheit zu rupfen.
Mögliche Ursachen: Diese Störung wird unterschiedlich beurteilt. Erfahrene Vogelkenner und Tierärzte sehen als Ursache für das Federrupfen eine seelische Erkrankung, resultierend aus Einsamkeit und Langeweile, Trennung von einer geliebten Person oder einem Vogelpartner, Eifersucht auf ein neugeborenes Kind, Besitzerwechsel, neue Umgebung. Andere werten das Federrupfen als Mangelerscheinung oder Allergie. Auch zu geringe Luftfeuchtigkeit kommt als Ursache in Frage.
Geeignete Maßnahmen: Den Vogel jedenfalls auf Parasitenbefall oder Hauterkrankungen untersuchen und dagegen behandeln lassen. Ernährung überprüfen, möglichst Aufbaupräparate anbieten. Alle negativen Einflüsse wie störende Geräusche, optische Reize, Vernachlässigungen abstellen. Viele frische Zweige zum Zernagen anbieten. Den Vogel häufig mit lauwarmem Wasser besprühen oder Badewasser anbieten. Kahle Stellen mit Olivenöl bestreichen. Das Anlegen eines Halskragens (nur durch den Tierarzt!), um den Vogel am Rupfen zu hindern, könnte die meist vorhandenen psychischen Störungen verstärken. Kann sich aus der Familie des Halters niemand mehrmals am Tag längere Zeit intensiv mit dem Vogel beschäftigen, wird es besser sein, ihm einen Vogelpartner zuzugesellen.

Federrupfer. Ursachen für das Federrupfen sind meist Einsamkeit, Langweile und mangelnde Bewegungsfreiheit.

Gesundheitsstörungen, die eine ernsthafte Erkrankung vermuten lassen

Atemnot, Atemgeräusche
Apathisches Verhalten, Appetitlosigkeit, das Absondern von Nasensekret sind häufige Begleiterscheinungen von Atemnot. Der Vogel atmet sichtlich schwerer als sonst und mit geöffnetem Schnabel, in schlimmen Fällen lassen sich schnappende, pumpende oder jiepende Atemgeräusche feststellen.
Mögliche Ursachen: Die Symptome treten leider bei den unterschiedlichsten Krankheiten auf. Eine exakte Diagnose ist nur dem Tierarzt möglich.
Erste Hilfe: Gleichbleibende Wärme durch Infra-Rot-Bestrahlúng (Tag und Nacht etwa 30 °C) und Ruhe; statt Wasser leichten schwarzen Tee oder Kamillentee – beides lauwarm – reichen, zusätzlich weiche Nahrung aus Magerquark, hartgekochtem Ei und in Wasser eingeweichtem Zwieback anbieten. Weitere Maßnahmen muß der Tierarzt veranlassen.

Ausschleudern von Schleim
Gelegentliches Erbrechen bei Papageien kann aus Nervosität, bei großer Angst und plötzlichem Erschrecken vorkommen. Männliche Papageien versuchen aus Sympathie oder in Brutstimmung ihre menschlichen Partner zu füttern, wobei sie aus dem Kropf in Schleim gehüllte Körner hochwürgen. Schleudert der Papagei aber wiederholt ohne erkennbaren Grund angedaute Körner, verbunden mit zähem, sich ziehendem, klebrigem, braunem Schleim aus dem Kropf, so muß eine ernsthafte Erkrankung angenommen werden. Häufig stellen sich zu dieser Erscheinung auch noch Atemnot, Atemgeräusche und Durchfall ein.
Mögliche Ursache: Kropfentzündung.
Erste Hilfe: Futter entfernen, statt Wasser Kamillentee reichen; den Vogel so rasch wie möglich zum Tierarzt bringen.

Durchfall
Der gesunde Graupapagei setzt ungefähr alle 40 Minuten Kot ab. Normale Exkremente sind geformt; im dunklen Stuhlkranz sitzt weißer breiiger Harn. Ein nervöser Papagei setzt in Erregung oder bei Erschrecken sofort Kot ab, der dann womöglich breiig, manchmal fast flüssig sein kann. Normalisieren sich Abstände wie Konsistenz in absehbarer Zeit, und wirkt der Vogel gewohnt munter, ist diese Erscheinung nicht beunruhigend. Anders, wenn der Kot ständig zu weich bis flüssig ist. Dann sollte man ihn untersuchen lassen, obgleich der Vogel vielleicht durch sein Verhalten keinerlei Anlaß zur Sorge gibt.
Verändert sich der Kot eines Papageien auffallend über einige Tage, wird er nicht nur wäßrig, sondern gar schleimig-gärig, verfärbt oder mit Blut gemischt abgegeben, und macht der Vogel gleichzeitig einen kranken oder schwachen Eindruck, so sollte möglichst rasch ein Tierarzt aufgesucht werden. Die umgehende Untersuchung des Kotes ist unerläßlich.
Mögliche Ursachen: Leider sind die meisten Krankheiten der Graupapageien von mehr oder weniger starken Durchfällen begleitet. Verläuft die bakteriologische, die parasitologische und die mykologische Untersuchung des Kotes ergebnislos, können folgende Ursachen in Frage kommen: Erkältung (durch Zugluft, zu kaltes Bad, plötzlichen Temperaturabfall); der Vogel erhält zu wenig Grit (→ Seite 30); Vergiftungen (→ Gefahrenkatalog, Seite 24); verdorbenes oder falsches Futter. Sind auch diese Ursachen auszuschließen, so könnte es sich um eine Nieren- oder Lebererkrankung, um Tumore oder Infektionskrankheiten handeln, die nicht durch den Kot nachzuweisen sind.

Der Graupapagei ist ein Turn- und Kletterkünstler, mit Hilfe des Schnabels kann er sich sogar wieder auf die Hand hangeln. ▷

Erste Hilfe: Bei Erkältung (wobei meist auch Nasensekret abgesondert wird): Infra-Rot-Bestrahlung (→ Seite 33), Tierkohle über die Körner streuen, statt Wasser Kamillentee anbieten (muß ständig zur Verfügung stehen), weder Obst noch Grünzeug reichen.
Zu wenig Grit: → Seite 30.
Bei jedem Verdacht auf eine Vergiftung: unverzüglich zum Tierarzt (am Wochenende schlimmstenfalls Notarzt um Hilfe bitten). Weitere Behandlungsmaßnahmen kann nur der Tierarzt anordnen.

Papageienkrankheit

(Psittakose/Ornithose/Chlamydiose)

Man spricht von Psittakose bei erkrankten Papageien und Sittichen, von Ornithose bei anderen erkrankten Vögeln und von Chlamydiose bei erkrankten Menschen. Leider zeigt das Krankheitsbild keine eindeutigen Unterschiede zu anderen Infektionskrankheiten. Kaum ein an Psittakose erkrankter Papagei nimmt jedoch Nahrung auf, häufig stellen sich Durchfälle, Kropfentzündungen, schwere Atemnot, Nasenkatarrh, Darmkatarrh und eitrige Bindehautentzündung als Begleitsymptome ein, in schlimmen Fällen sogar Krämpfe und Lähmungen. Erkranken Menschen an Chlamydiose, so zeigen sich zu Beginn grippeartige Symptome, die sich schließlich einer Lungenentzündung ähnlich entwickeln. Die Krankheit ist nicht ungefährlich für den Menschen, eine ärztliche Behandlung ist schon beim geringsten Verdacht unerläßlich.

◁ Der Graupapagei Moses und die Hündin Ailyn haben Freundschaft miteinander geschlossen.

Mögliche Auslöser: Durch unsaubere Haltung, schlechte Ernährung, zu wenig frische Luft und mangelnde Bewegung, durch Umgebungswechsel, Transporte, bei Schwächung durch an sich harmlose Erkrankungen oder durch die Mauser, bei seelischer Belastung wie Einsamkeit, Tod des Partners, Vernachlässigung durch den Tierhalter kann die Krankheit akut werden. Es kam vor, daß jahrelang einzeln gehaltene Graupapageien plötzlich an Psittakose erkrankten, weil sie von Jugend an latent mit dem Erreger (Chlamydia) infiziert waren. Volierenvögel können auch durch an Ornithose erkrankte freilebende Vögel angesteckt werden. Mensch und Tier sind dann gleichermaßen gefährdet.
Geeignete Maßnahmen: Da sich die Chlamydien-Erreger im Kot nachweisen lassen, sollte bei den beschriebenen Krankheitsbildern stets eine sofortige Kotuntersuchung veranlaßt werden. Die Behandlung des Vogels erfolgt ausschließlich durch den Tierarzt. Der einzuschaltende Amtstierarzt bestimmt, wo der Vogel behandelt wird. Alle weiteren Maßnahmen, die der Tierhalter zu treffen hat, erfährt er vom zuständigen veterinärmedizinischen Amt.

Der Gang zum Tierarzt

Beim Transport zum Tierarzt müssen Sie den Vogel vor Zugluft und – wenn nötig – vor Kälte, Nässe oder Wind schützen (Käfig in eine Decke hüllen). Der Sandschuber wird nur mit saugfähigem Papier ausgelegt; denn im Krankheitsfall muß der Tierarzt die Exkremente ohne Sandbeimischungen sehen und untersuchen können.
Um dem Tierarzt jede denkbare Hilfe bei der Diagnose geben zu können, müssen folgende Fragen beantwortet werden: Alter des Vogels? Aus welcher Tierhandlung (Zucht) stammt der Vogel, wie lange ist er bereits bei Ihnen, war er zuvor vielleicht bei anderen Menschen? Seit wann macht der Vogel einen kranken Eindruck? Welche Veränderungen im Verhalten

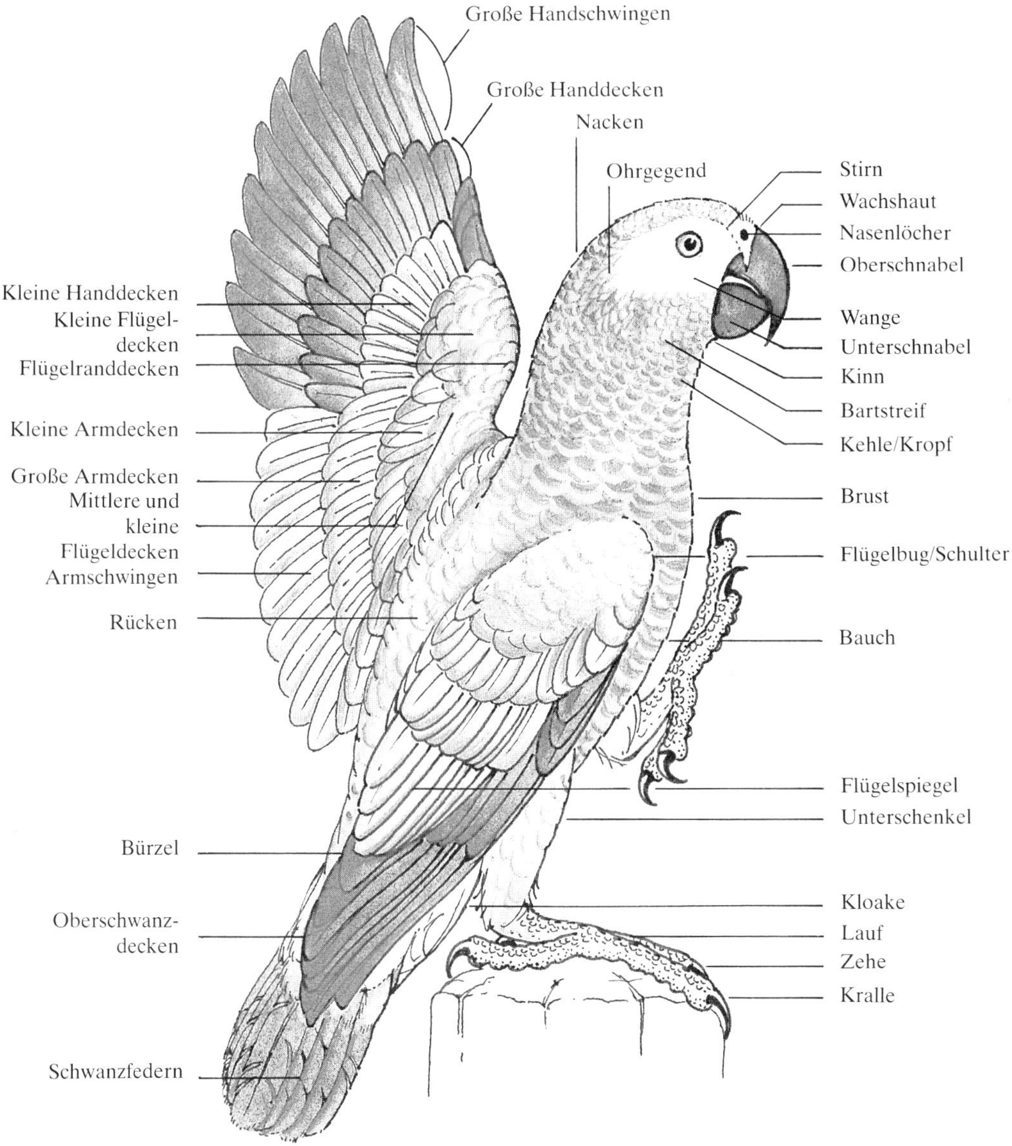

Die Kenntnis der Körper- und Gefiederpartien ist vor allem für das Gespräch mit dem Tierarzt wichtig.

und in seinen Gewohnheiten fielen Ihnen auf? War der Vogel früher schon einmal krank, wurde eine bestimmte Krankheit festgestellt, wie wurde der Vogel behandelt? Gehören außer dem Vogel noch andere Tiere zum Haushalt? Sind alle Familienmitglieder (anderen Haustiere) gesund?
Bringen Sie dem Tierarzt unbedingt eine Probe von der Körnermischung mit, aus der in den letzten Wochen die Hauptnahrung des Vogels bestand. Notieren Sie sich, was der Vogel als Zusatznahrung erhält; was er vielleicht in den letzten Tagen ausnahmsweise bekam.
So kann sich der Tierarzt ein erstes Bild machen und eventuell auf Haltungsfehler hinweisen. Unerläßlich ist eine bakteriologische und parasitologische Untersuchung des Kots. Ergibt die Kotuntersuchung keine Klärung der Krankheitsursache, bitten Sie den Arzt um andere diagnostische Maßnahmen wie Röntgen, Untersuchung von Schleim, Haut- oder Gewebeproben. Lassen Sie sich aber jeden vorgeschlagenen Eingriff genau erklären, fragen Sie in jedem Fall nach der unumgänglichen Notwendigkeit, dem zu erhoffenden Erfolg und den Konsequenzen für den Fall Ihrer Ablehnung.
Empfiehlt der Tierarzt eine medikamentöse Behandlung, so sollten Sie sich pedantisch genau an seine Anweisungen über die Form der Arzneigabe, die Häufigkeit, die Menge und die Dauer halten. Eigenmächtig zu experimentieren wäre unverantwortlich. Fragen Sie den Arzt, welche zusätzlichen Maßnahmen durch Ernährung, Haltung, Infra-Rot-Bestrahlung oder anderes er als weitere Unterstützung für günstig hält.

Medikamente verabreichen
Wird ein Medikament über das Trinkwasser gereicht – die weitaus beste Methode –, so muß dem Vogel jede Möglichkeit entzogen werden, seinen Durst anderweitig zu stillen. Also weder Badewasser noch ein tropfender Wasserhahn dürfen für ihn erreichbar sein; kein Obst, kein Grünzeug reichen. Wird die Arznei über das Körnerfutter gestreut oder geträufelt, so sollte man den Futternapf niemals randvoll füllen, da der gescheite Papagei mit einem Schnabelstreich die Oberfläche mit dem ungewohnten Medikament aus dem Napf schleudert, um die Körner der unteren Schicht zu erreichen. Muß man dem Vogel die Arznei in den Schnabel träufeln, so drückt man seinen zahmen Papagei mit dem Ellenbogen in die linke Flanke (»klemmt« ihn – sanft – unter den Arm) und umfaßt den Kopf von hinten mit der linken Hand, dabei aber nicht auf den Kehlkopf drükken. Ist der Vogel nicht zahm, und muß man fürchten, daß er vor Schreck und Angst beißt, umhüllt man ihn am besten mit einem Frotteetuch und bittet einen Helfer, ihn so mit beiden Armen leicht gegen die Brust zu drücken, wobei eine Hand von hinten den Kopf fassen muß, damit er nicht beißen und ausweichen kann. Der Vogel muß in Sitzhaltung sein – nicht auf den Rücken drehen! Cremige und flüssige Substanzen sollte man seitlich auf die Zunge geben, damit nichts in die Luftröhre gelangt, weil der Vogel sonst erstickt.

Graupapageien verstehen lernen

Viele Graupapageien können sprechen, manche sogar erstaunlich viele und drollige Wortverbindungen, doch nur ganz wenige lernen es, kleine Sätze oder einzelne Wörter den entsprechenden Situationen gemäß richtig anzuwenden. So gibt es wahre Genies unter ihnen, die ausschließlich morgens »Guten Morgen« und nur abends »Gute Nacht« sagen. Viele aber sagen es willkürlich, nur zufällig zur passenden – öfter noch zur unpassenden – Stunde. Wirklich verstehen lernt man seinen Graupapagei aber nicht durch die dem Menschen nachgeahmten Wörter, sondern nur durch seine ureigene, feinnuancierte Ausdrucksweise, die Körper- und Lautsprache, durch sein typisches Verhalten.

Verbreitung und Aussehen

Zum Lebensraum der Graupapageien gehören die westlich gelegenen afrikanischen Länder zwischen dem 17. westlichen und dem 32. östlichen Längengrad sowie dem 10. nördlichen und dem 10. südlichen Breitengrad (→ Verbreitungskarte rechts). Der Graupapagei, auch Jako genannt, gehört zur Familie der Papageien *(Psittacidae)*, innerhalb dieser zur Unterfamilie der Echten Papageien *(Psittacinae)* und zur Gattungsgruppe der Stumpfschwanzpapageien *(Psittacini)*. Es gibt vom Graupapagei nur eine Art, nämlich *Psittacus erithacus Linné 1758*. Manche Ornithologen stufen den im Erscheinungsbild von der Nominatform *(Psittacus erithacus erithacus)* abweichenden Graupapagei, den Timneh-Papagei *(Psittacus erithacus timneh Fraser 1844)*, als Unterart ein, andere als Rasse. Der Timneh-Papagei, der in Liberia, an der westlichen Elfenbeinküste und in der Sierra Leone vorkommt, unterscheidet sich von der Nominatform durch seine Körpergröße (er ist deutlich kleiner), durch den bräunlich-roten Schwanz und durch die rosa-beige Färbung des oberen Drittels des Oberschnabels.
Der Graupapagei *Psittacus erithacus* – also nicht der Timneh-Papagei – wird im Handel und in Züchterkreisen wiederum nach zwei Herkunftsgebieten benannt: Der kleinere Ghana- und der größere Kongo- oder Kamerun-Papagei. Regionale Unterschiede in Größe und Gewicht der Vögel erklären die stark variierenden Angaben in der Literatur. So wird für das Gewicht des Graupapageien 230 bis 550 g genannt, für die Gesamtlänge 320 bis 410 mm, für die Flügellänge 220 bis 245 mm. Außerdem kommen beim Graupapagei – wie bei vielen anderen Vogelarten auch – leichte Unterschiede in der Tönung des Gefieders vor. So wirken manche Graupapageien dunkler als andere, bei einigen ist der feine helle Saum der Hals- und Brustfedern auffallender oder kaum wahrnehmbar. Von einigen wenigen Graupapageien wird berichtet, daß sie auch rote Flügeldecken hatten, rote Schenkel und rote Bauchfe-

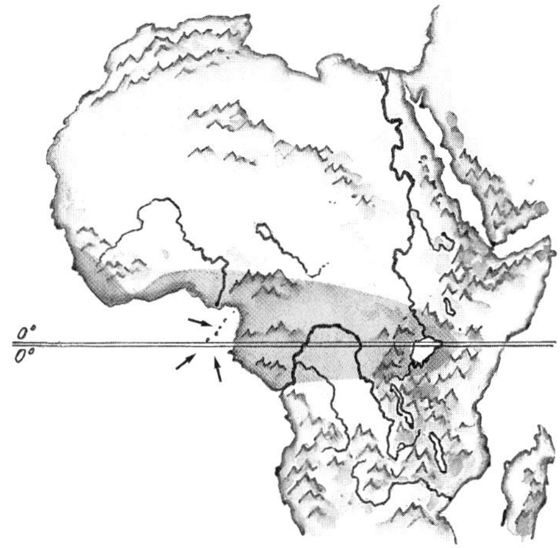

Heimat der Graupapageien ist Afrika. Ihre Verbreitungsgebiete berühren die Staaten: Elfenbeinküste, Ghana, Togo, Benin, Nigeria, Tschad, Kamerun, Zentralafrikanische Republik, Zaire, Uganda, Kenia, Burundi, Tansania, Angola, Republik Kongo, Gabun, Äquatorial-Guinea sowie die Inseln Principe und Fernando Poo.

dern. Diese sogenannten Königsvögel sind eine Modifikation, keine Rasse. Wir wissen von Heimvögeln, die aus unbekannten Gründen nach einer Mauser oder nach überstandener Krankheit rote Federn auf Brust oder/und Rükken bekamen (→ Farbfotos Seite 48).

Aus dem Freileben der Graupapageien

Leider haben wir keine detaillierten Kenntnisse über das Leben der Graupapageien in ihrer Heimat Afrika. Kenner der afrikanischen Lebensräume der Graupapageien berichten, daß sie auf Erhebungen bis etwa 1200 m Höhe vorwiegend Waldbewohner sind. Vor allem in Mangrovenwäldern suchen sie ihre Nahrung kletternd und fliegend in hohen Bäumen. Im Schwarm ziehen sie in raschem Flug auf festen Flugstraßen zu den Wasserstellen. Bei Anbruch der Dunkelheit suchen sie ihre hochgelegenen angestammten Schlafplätze auf. Ihre bevorzugte Nahrung besteht aus verschiedenen Waldfrüchten, Nüssen, Beeren und der Frucht der Ölpalme. Es ist nicht erwiesen, ob sie von den Bäumen auch Insekteneier oder -larven aufnehmen oder anderweitiges tierisches Eiweiß. Dagegen hat man sie häufig auf den Feldern halbreife Maiskörner essen sehen.

Paarung und Brut

Innerhalb der Schar von 100 bis 200 Vögeln geht der Graupapagei nach beendeter Jugendzeit eine feste, lebenslange Ehe ein. Die Partnerwahl wird keinesfalls übereilt; der äußerst wählerische Graupapagei schließt nur eine Neigungsehe! Zur Brutzeit zieht sich jedes Paar in seine Bruthöhle zurück, die in morschen Bäumen angelegt wird. Astlöcher oder Hohlräume im Baumstamm werden durch Schnabelarbeit erweitert und vor allem in die Tiefe gebaut, so daß die mit Holzmulm ausgebettete Nestmulde etwa 50 cm unter dem Einschlupfloch liegt. Die einzelnen im dichten Laub versteckten Bruthöhlen eines Schwarms verteilen sich auf einander nahegelegene Bäume, so daß auch während der Brutzeit ein gewisser Kontakt zum Schwarm erhalten bleibt. Ob ausschließlich klimatische Einflüsse ausschlaggebend sind für den Beginn der Brutperiode oder auch andere, ist nicht eindeutig zu sagen, da sich das Lebensgebiet der Graupapageien über große Flächen erstreckt, in denen unterschiedliche jahreszeitliche Bedingungen herrschen. Kommt ein Paar in Brutstimmung, so füttert das Männchen das Weibchen, wobei beide Vögel zarte, monotone Singlaute hören lassen. Das Weibchen nützt die Bruthöhle schon bald zum Schlafen, während das Männchen Wache hält oder dicht neben dem Einschlupfloch schläft. Im Abstand von 2 bis 3 Tagen legt das Weibchen schließlich 3 bis 5 rundlich-ovale Eier von 19 bis 22 g Gewicht. Sitzt es dann fest brütend auf dem Gelege, wird es ausschließlich vom Männchen ernährt, das während dieser anstrengenden Periode selbst nur minimale Mengen zu sich nimmt. Das Weibchen verläßt nur noch morgens und abends die Bruthöhle, um Kot abzusetzen.

Soziale Gefiederpflege. Graupapageien pflegen sich ausdauernd gegenseitig das Gefieder, vor allem an den Stellen, die sie selbst mit dem Schnabel nicht erreichen können.

Aufzucht und Entwicklung der Jungen
Gebrütet wird 30 Tage lang. Dann werden Weibchen und Nestlinge weiterhin ausschließlich vom Männchen mit Nahrung versorgt. Im Alter von etwa 10 Wochen haben die Nestlinge ihr fast vollständiges Gefieder. Wenn sie nach 12 Wochen die Bruthöhle verlassen, üben sie sich zunächst im Klettern und werden aber noch – nun von beiden Eltern – gefüttert. Nur allmählich lernen sie, weiche Nahrung selbst zu finden und sie zu verzehren. Erst im Alter von 3 bis 4 Monaten hat sich der Oberschnabel artgemäß gekrümmt und gefestigt, so daß sie dann auch hartschalige Früchte essen können. Im 5. bis 8. Lebensmonat hellt sich die aschgraue Iris der Nestlinge auf und wird allmählich hellgelb wie die der Altvögel. Auch die anfangs nur angedeuteten roten Schwanzfedern wachsen zum erkennbaren Merkmal der Art heran, und die Jungen werden mehr und mehr flugsicher. Das Gefieder bleibt aber bis zur ersten Mauser nach etwa einem Jahr etwas dunkler, bräunlicher fleckiger als das der Altvögel. Doch schon vor dieser Zeit werden die Jungen selbständig und fügen sich ins Leben des Schwarms ein.

Stimmäußerungen

Kommt ein junger Graupapagei als Wildfang in die Obhut des Menschen, so kann er ausschließlich »Afrikanisch«. Laute Urwaldschreie in den unterschiedlichsten Tonvariationen zeugen von Angst, vom Verlangen nach Kontakt zu Artgenossen, nach einiger Zeit auch von Lebensfreude und manchmal sogar von Wohlbehagen. Das klingt urig, eindrucksvoll, läßt sich von unseren dieser Sprache nicht zugängigen Ohren aber kaum richtig deuten. Nach und nach passen sich die kreischenden Schreie den menschlichen Lauten und Geräuschen an. Je schneller ein Graupapagei sich an seine neue Umgebung gewöhnt, je weniger er allein gelassen wird, desto eher läßt er das laute Schreien.

Nachahmung: Der kontaktfreudige Vogel versucht es zunächst mit stimmlichen Mitteln, die gefürchteten oder sehr respektierten Lebewesen, die Menschen, mit Tönen aus deren Welt zu beeindrucken. Als geborener Stimmkünstler wird er begeistert auf Pfiffe reagieren und sie schnell in jeder Lautstärke und Tonart erlernen. Das kann zu lebhaften Pfeif-»Gesprächen« führen oder zu imponierenden Melodien. Ich kenne Graupapageien, die »Hänschen klein« pfeifen, den Radetzky-Marsch, den sogenannten Ententanz, einer kann sogar in reinsten Tönen die Arie »Der Vogelfänger bin ich ja« pfeifen. Wie bereits erwähnt, ahmen viele Graupapageien auch Wörter und kleine Sätze aus der Sprache ihrer Menschenfamilie nach. Wahre Sprachgenies bringen es auf einen Wortschatz von einigen hundert Wörtern, andere beschränken sich zeitlebens auf einige wenige Wörter und üben sich lieber im Pfeifen.
Arteigene Laute: Wenn Sie aber etwas mehr von den Stimmungen Ihres Graupapageien wissen möchten, so müssen Sie auf die Laute horchen, die ihm von seiner artgemäßen »Sprache« geblieben sind. Da Graupapageien Individualisten sind, lassen sich keine allgemeingültigen Aussagen für bestimmte Laute machen. Jeder muß sie selbst für seinen eigenen Papagei deuten lernen. Hat ein Graupapagei große Angst, verstummt er meistens völlig. Will er aber ein gefürchtetes Etwas am Näherkommen hindern, läßt er möglicherweise lautes Knurren oder Fauchen hören. Zartes Fauchen oder leises Knurren kann aber auch ertönen, wenn der Papagei die ihm liebste Bezugsperson füttern will, oder aus Wohlbehagen, wenn er gekrault wird. Verläßt jemand, auf dessen Gesellschaft er großen Wert legt, das Zimmer, so kommt als Protest oft ein hoher kurzer Quietschton; will er zum Spielen, zur Zuwendung auffordern, so quietscht er mehrmals hintereinander in zarter Tonart. Nähert er sich einem Menschen, hört man manchmal von ihm ein sanftes »Nh, nh« oder ein leises Zungenschnalzen. Natürlich verbindet der Graupapagei die angeborenen Laut-

äußerungen häufig mit den erlernten Geräuschen seiner Umgebung, mit Pfeifen und Geplapper. Mit Sicherheit hören Sie von Ihrem Graupapagei immer dann ein gemütliches Schnabelwetzen oder -knirschen, wenn er in sich gekehrt, zufrieden ausruht.

Körperliche Gewandtheit

Fliegen: Graupapageien setzen für größere Entfernungen zu raschem, zielstrebigem Flug an. Im Schwarm fliegen die Vögel geradlinig in Höhe der Baumwipfel ihrem Ziel entgegen.

Fliegen im »Leerlauf«. Graupapageien, die keine Möglichkeit zum Fliegen haben, trainieren ihre Flugmuskulatur durch kräftiges Flügelschlagen; meist halten sie sich dabei mit dem Schnabel an einem Ast oder am Käfiggitter fest.

Klettern: Die typische und sinnvolle Bewegungsart im dichten Geäst der Bäume ist für den Graupapagei das Klettern. Der Fuß ist für diese Fortbewegungsart ausgebildet, indem die beiden mittleren Zehen nach vorne, die beiden äußeren nach hinten greifen. Ebenso wichtig wie die Füße ist auch der Schnabel beim Klettern. Distanzen zwischen zwei Ästen überwindet der Graupapagei im Brückenschlag: Mit dem Schnabel wird der entfernte Ast umfaßt; der Vogel befindet sich in äußerst gespannter waagerechter Haltung; dann zieht er einen Fuß nach, wobei die Beine wie zum Spagat gespreizt werden; hat der erste Fuß neben dem Schnabel festen Halt gefunden, wird auch das zweite Bein nachgeholt. Kopfüber wie kopfunter kann er sich auf senkrechten Flächen bewegen. Abwärts stützt er sich mit dem Schnabel auf, wobei der starke Nacken wie ein Bremsklotz wirkt. Oft läßt sich der Vogel auch an beiden Beinen oder an nur einem Bein nach unten hängen, nach dem nächsten Angriffspunkt Ausschau haltend. Selbst kleinste Risse oder Astansätze genügen ihm, um mit dem Schnabel Halt zu finden. Fehlt beim Senkrechtklettern nach oben ein geeigneter Anhaltspunkt, reckt sich der Vogel zu seiner vollen Körperhöhe auf, umfaßt einen Ast mit dem Schnabel und holt beide Beine im Klimmzug mit halber Rückwärtsbauchwelle nach. Ist der Kletterbaum stabil, mit kräftigen naturgewachsenen Ästen ausgestattet, die verläßlich befestigt sind, kann bei den waghalsigen Klettereien nichts schiefgehen. Gefährlich wird das Kletterbedürfnis erst, wenn der Kletterbaum statt mit Ästen mit gedrechselten glatten Stangen ausgerüstet ist, die sich noch dazu um die eigene Achse drehen, locker sitzen und aus den Stecklöchern fallen können. Passiert auf einem solchen Baum etwas, kann sich der Papagei noch fliegend oder flatternd sanft zu Boden gleiten lassen, vorausgesetzt, der Höhenunterschied ist ausreichend, um die Flügel wirksam einsetzen zu können.
Laufen: Bewegt sich ein Graupapagei schreitend auf ebener Fläche, so wirkt er drollig unbeholfen, weil seine großen Greiffüße leicht nach innen zeigen. Er geht also »über den großen Onkel« und muß behutsam vermeiden, sich selbst auf die Zehen zu treten. Beobachtet man dagegen den Gebrauch der Füße beim Überqueren von Ästen, so ist leicht zu erkennen, daß diese nur dafür gebildet wurden. Die leichte Neigung nach innen hat den Vorteil, daß

der Vogel bei seitlicher Fortbewegung leicht mit einem Fuß über den anderen greifen kann oder auch, die Füße nacheinander setzend, mit festem Griff den Ast umfaßt.
Der Graupapagei nützt wie viele andere große Papageien auch seine Zehen geschickt zum Greifen und Halten. So ißt er Früchte, Kekse, Brot, Nüsse manierlich aus der »Hand« (→ Zeichnung Seite 6).

Stimmungen

Stimmungen haben für Vögel, die wie der Graupapagei in sozialen Verbänden leben, eine wichtige Bedeutung für den Zusammenhalt: Durch ganz bestimmte Laute und Ausdrucksbewegungen bringen sich die Tiere einer Schar gegenseitig in gleiche Stimmung. Das hat den Vorteil, daß alle Individuen gleichzeitig in Ruhestimmung geraten, in Stimmung zur Gefiederpflege, in Abflugstimmung oder in Brutstimmung. So hat die Schar zu gleicher Zeit gleiche Bedürfnisse. Kein Vogel bleibt zum Beispiel an der Wasserstelle allein und daher gefährdet zurück, wenn die Schar ihren Schlafplätzen entgegenfliegt. Kommen alle Paare gleichzeitig in Brutstimmung, so werden die verfügbaren Bruthöhlen im angestammten Revier gleichmäßig besetzt, alle Männchen sind vermehrt wachsam, im sozialen Leben stellen sich die Vögel alsbald rücksichtsvoll auf die Entwicklung der Nestlinge ein.

Wie man Stimmungen beim Heimvogel erkennt

Ein allein gehaltener Graupapagei gibt seinen Stimmungen, ohne von Artgenossen beeinflußt zu sein, spontan nach und ist verwirrt, verunsichert, wird er von seinem Kumpan Mensch mißverstanden oder gestört. Der Vogelhalter sollte deshalb einige wenige Ausdrucksbewegungen aus der täglichen Körpersprache seines Papageien kennen, um sie richtig deuten und möglicherweise auf sie eingehen zu können.

Angst: Ist der Vogel gelassen, durch nichts erregt, liegt sein Gefieder glatt am Körper an; hat er Angst, preßt er die Federn geradezu eng an den Körper, macht sich dünn, reckt mit langem Hals das Köpfchen und sieht mit verengten Pupillen wie erstarrt auf einen Punkt. Läßt die Spannung nach der Angst, nach einer regelrechten Entscheidung des Vogels oder nach einer für ihn erregenden Betätigung nach, wird er sein Gefieder ruckartig aufplustern und schütteln, um sich gleich danach einer anderen Stimmung hinzugeben. Oft schüttelt er auch nur die Schwanzfedern und deutet damit das Ende einer bestimmten Stimmungsphase an.
Gelassenheit, Kontaktbereitschaft: Sitzt der Papagei gelassen auf nur einem Bein in Ruhestellung, ist vor allem das Bauch- und Brustgefieder locker aufgewölbt. Manchmal vibriert das Bauchgefieder leicht; obwohl es so aussieht, als würde der Vogel ängstlich zittern, ist er jedoch eher aus irgendeinem Grund unsicher oder sehnt sich nach Zuwendung. Sitzt er mit Wohlgefühl in Ruhestellung, so ist nicht nur das Bauchgefieder locker aufgeplustert, sondern auch die Federn um Kinn, Kehle, Ohren und Wangen bilden eine kleine Krause, oft ist dabei zartes Schnabelknirschen zu hören. Gerade diese Partien und die Nackenfedern des Graupapageien zeigen deutlich die Stimmungen wie Gelassenheit, Wohlbehagen, Kontaktbereitschaft, vor allem dann, wenn er das Köpfchen mit abgestellten Federn in tiefem Bogen senkt und somit zum Kraulen auffordert. Ganz entspannt zeigt sich der Graupapagei bei der Gefiederpflege. Locker liegen die Federn übereinander, jede gut für den Schnabel erreichbar.

Oben: Junge Graupapageien im Alter von 35 Tagen. ▷
Unten: Graupapagei bei einem Spaziergang auf der Wiese.

Von Zeit zu Zeit muß sich der Vogel räkeln, oft nachdem er längere Zeit in einer Stellung verharrte. Dann werden nacheinander beide Beine nach hinten gestreckt, die Zehen zur lockeren Faust geformt, der seitengleiche Flügel gleitet leicht abgehoben auch nach rückwärts. Ebenfalls zum Räkeln gehört es, daß der Vogel langsam beide Flügel senkrecht nach oben streckt; doch kann diese Bewegung auch der Temperaturregelung dienen; ist es dem Vogel zu warm, hebt er beide Flügel, um Wärme abzugeben.

Flugstimmung: Hat der Graupapagei keine Möglichkeit zu fliegen, weil der Raum, in dem er gehalten wird, zu klein ist oder weil die Flügel gestutzt wurden, so muß er einige Male am Tag seine Flugmuskeln trainieren. Bei diesem kraftvollen und recht lautstarken Training genügt es dem Vogel nicht, mit beiden Füßen fest die Sitzstange, einen Ast oder das Käfiggitter zu umfassen, er muß dabei zusätzlich auch für den Schnabel festen Halt finden. Das zeigt deutlich, mit welcher Intensität ein Graupapagei abflöge, wüßte er nicht durch frustrierende Erfahrung, daß er sich eben dies nicht erlauben darf. Ist er solchermaßen in Flugstimmung, ertönen während der Übungen auch arteigene Schreie, die im Freileben sicherlich die gesamte Schar zum Mitfliegen stimulieren.

◁ Lieblingsplatz von Jakob ist ein Fach im Küchenschrank.
Oben: Der Vogel öffnet selbständig die Tür und hangelt sich auf den Topf. Unten links: So schließt er die Tür. Unten rechts: In dieser Position hält er »Selbstgespräche«.

Intelligenz und Wesensart

Besondere geistige Fähigkeiten werden den Graupapageien seit langem nachgesagt. Ganz sicher ist ein bestimmtes Intelligenzniveau der Spezies angeboren. Doch wie bei allen intelligenten Lebewesen spielen nicht nur individuelle Entwicklung und Lebensumstände für die Leistungen der Intelligenz eine Rolle, sondern auch die unterschiedliche Ausstattung der einzelnen Individuen mit dieser Begabung. Für ein Tier, speziell für einen Vogel wie den Graupapagei, ist Intelligenz die Fähigkeit, angeborene Verhaltensweisen und Reaktionsmechanismen – also Instinkte – in anders gelagerten Situationen im übertragenen Sinn anwenden zu können. Hierfür liefert der Graupapagei unzählige Beispiele: Ein Graupapagei sitzt eingesperrt in seinem Käfig und möchte heraus. Aus Erfahrung kennt er die Öffnung, die ihm dieses ermöglichen würde, wäre die Türe nicht verschlossen. Niemand weiß, was im Gehirn des Vogels abläuft, während er unverwandt auf die Tür starrt. Doch wenn er dann mit dem Schnabel an dem Verschlußmechanismus tätig wird, ist klar zu erkennen, daß er Geschicklichkeit und Kraft des Schnabels nützt, um – häufig mit Erfolg – den Verschluß zu knacken.

Als Intelligenzleistung ist es auch zu werten, wenn der Vogel bestimmte Geräusche, Wörter oder Sätze situationsgebunden anwendet. So weiß man von Graupapageien, die abends so lange »Gute Nacht« sagen, bis man das Licht löscht oder den Käfig bedeckt, weil sie jetzt unbedingt in Ruhe schlafen möchten.

Die erstaunliche Gedächtnisleistung von Graupapageien zeigt sich auch darin, daß bestimmte Begebenheiten im Gedächtnis eines Papageien haften bleiben. So hatte ich über Jahre hinweg jeden Sommer einen Graupapagei als Feriengast. Pünktlich vor seiner Ankunft brachte ich jedesmal Körner zum Keimen, da er diese besonders gesunden Leckerbissen sonst nie bekam. Die gekeimten Körner bot ich ihm stets an der gleichen Stelle an. Schon nach wenigen Tagen hatte der Vogel Geschmack an diesen Körnern gefunden und erwartete mich von nun an jeden Morgen genau an dem Platz, an dem ihm der »Tisch gedeckt« wurde. Und in jedem Jahr wieder begrüßte er mich bereits am ersten Morgen an eben dieser Stelle und wartete auf seine Extra-Körner, die er doch in den vielen dazwischenliegenden Monaten niemals bekommen hatte.

Eine rührende Verlegenheitsgeste, die zu beobachten ist, wenn die vertraute »Bezugsperson« das Zimmer verläßt: Der Vogel hebt erregt die Zehen zum Schnabel und scheint an den Krallen zu knabbern.

Zur Intelligenz von verschiedenen Vögeln gibt es übrigens eine objektive Aussage des Verhaltensforschers Otto Koehler, der vom Zählvermögen der einzelnen Arten berichtet, die im Versuch nach exakten Methoden ermittelt wurden. Demnach gelingt es dem Wellensittich ebenso wie der Dohle durch Aufpicken von Körnern die Zahl 6 zu erreichen. Die Taube erreicht die Zahl 5, Kolkrabe, Elster, Gelbstirnamazone und Graupapagei erreichen die Zahl 7!

Mißtrauen und Ängstlichkeit

Beide Eigenschaften sind bei kaum einer anderen Papageien-Art derart ausgeprägt wie beim Graupapagei. So scheu und ängstlich ein noch wenig eingewöhnter Graupapagei auch sein mag, aus dem sicheren Gehäuse Käfig heraus beobachtet er seine Umgebung und alle Vorgänge in ihr genau. Dabei lernt er rasch, sich regelmäßig wiederholende Geschehnisse als gegeben hinzunehmen. Ebenso gewöhnt er sich an oft ertönende Geräusche, ohne sich weiterhin ihretwegen zu ängstigen. Besonders scharf aber werden alle Lebewesen beobachtet; ihre Stimme, die Art, sich zu bewegen, Gegenstände, mit denen diese hantieren, vor allem aber, wie diese Lebewesen sich gegen den Betrachter selbst verhalten, wird aufmerksam verfolgt. So stuft der Vogel allmählich alle Erscheinungen in seiner Umgebung in die Rubriken ein: »unangenehm bis gefährlich« und »normal, harmlos«.
Jeder unbekannte, noch so kleine und unbedeutende Gegenstand, der ihm nahegebracht wird, rutscht zunächst in die erste Rubrik. So kann sich ein Graupapagei zum Beispiel beim ersten Anblick einer Erdnuß ängstigen. Liegt sie im Futternapf, so holt er vorsichtig mit langem Hals einige Körner heraus, ohne das furchterregende Ding zu berühren. Nach einigen Tagen bringt er dann den Mut auf, die Nuß rasch mit dem Schnabel aus dem Futternapf zu schleudern. Jetzt sollte er auch außerhalb des Futternapfs immer wieder einige Erdnüsse vorfinden. Er wird sie schleunigst ebenso mißtrauisch aus seinem Blickfeld verscheuchen, bis eines Tages – im beschriebenen Fall dauerte es 7 Monate lang – die Neugier überwiegt und er an der Nuß zu knabbern beginnt. Dabei läßt er zunächst die Erdnußkerne achtlos zu Boden fallen, nur die Schale dient der Schnabelarbeit. Ganz zufällig erfaßt er dann einmal einen Kern, kommt auf den Geschmack und lernt schnell die richtige Handhabung und die sinnvolle Nutzung. Um sein großes Mißtrauen abzubauen, braucht der Graupapagei viel Zeit, ganz wird es

ihn nie verlassen. Nur allmählich erobert er in kleinen Schritten sein Territorium, nur nach und nach vermag er Angenehmes zu akzeptieren. Und immer wieder wird es Rückschläge geben; Menschen, die ihm bereits vertraut sind, können ihn in Schrecken versetzen, wenn sie beispielsweise eines Tages einen auffälligen Hut tragen, unversehens eine Jalousette herablassen oder auch nur deren Lamellen verstellen, oder wenn sie vielleicht zum ersten Mal das Bügelbrett in seiner Nähe aufstellen.

Partnerschaft: Vogel – Mensch

Als allein gehaltener Heimvogel muß sich ein Graupapagei einen Ersatzpartner suchen, um alle in ihm angelegten sozialen Fähigkeiten abreagieren zu können. Völlig sinnlos wäre es, ihm dafür einen Spiegel anzubieten. Ein Graupapagei läßt sich so leicht nicht täuschen, er braucht sinnvolle »Antworten« auf seine Zuwendungsangebote.

Das Kraulen: Durch das Kraulen ergibt sich meistens ein erster Kontakt zwischen Vogel und Mensch. Mag der Vogel noch so scheu sein, irgendwann wird er sein Köpfchen neigen, sein Nackengefieder etwas plustern, um gekrault zu werden. Beobachten Sie Ihren Papagei genau; er selbst bestimmt letztlich, wie intensiv und an welchen Stellen er gekrault werden möchte. Neigt er nur den Kopf, ohne das Gefieder sichtbar hochzustellen, möchte er keinesfalls gegen den Strich gekrault werden. Durch leichtes Plustern zeigt er an, wo am Hinterkopf, am Nacken man leicht mit den Fingern zwischen zwei Federreihen streichen darf. Mit der Zeit wird er es genießen, wenn Sie Reihe für Reihe kraulen. Aber . . . ehe es soweit ist, müssen Sie und der Vogel das gegenseitige Vertrauen langsam festigen. Wie oft zuckt der Papagei auch während des Kraulens ängstlich zusammen, wendet rasch den Kopf und versucht, nach dem Finger zu hacken. Das hat nichts mit Bosheit zu tun! Auch einem im Kraulen noch wenig erfahrenen Vogelpartner würde Gleiches widerfahren. Nachwachsende Federn, die noch in den feinen Hülsen stecken, können beim Kraulen ungeschickt berührt werden. Der Vogel zuckt dann zurück, kratzt sich an dieser Stelle selbst mit den Zehen, hackt aber womöglich auch nach Ihnen. Je mehr Sie während des Kraulens erschrecken und Ihre Hand ruckartig zurückziehen, um dem Schnabelhieb auszuweichen, desto unsicherer wird der Vogel. Versuchen Sie es immer mit Gelassenheit, sprechen Sie beruhigend mit dem Papagei, und wenn er Sie mit dem Schnabel erwischt, dann schreien Sie nicht laut »Au«! Dies würde Ihr Papagei unbedingt als seine Überlegenheit werten und sich diese so oft wie möglich bestätigen lassen. Später brauchen Sie dann selbst gar nicht mehr »Au« zu schreien, der Papagei erledigt das dann gleich für Sie mit.

Partnerfüttern. Während der Balz und Brut füttert das Männchen sein Weibchen. Außerhalb der Brutzeit wird gegenseitig gefüttert – das festigt die Partnerschaft.

Spielerische Kontakte: Nicht selten gehen Kraulen und spielerisches Kämpfen recht plötzlich ineinander über. Beobachtet man seinen Papagei gut während des Kraulens, merkt man schon am raschen Spiel der Pupillen, daß er nicht mehr ganz dem Genuß hingegeben ist. Ohne erkennbaren Grund holt er zu einem

Schnabelhieb aus, aber deutlich nicht in der Absicht, Sie zu treffen. Wenn Sie jetzt die Hand in geringem Abstand zum Schnabel auf und ab bewegen, folgt der Vogel begeistert dieser Bewegung mit raschen Verbeugungen. Berühren Sie den Schnabel dabei leicht von oben, so gewinnt das Spiel an Geschwindigkeit. Alsbald können Sie ihn dazu bringen, Ihrer Hand in schwungvollen Achterschleifen mit Hals und Kopf zu folgen. Diese Art des Übermuts scheint ihm Spaß zu machen. Aber nehmen Sie dabei Ihre Hände in acht; erwischt der Vogel Sie bei solchem Elan, wird er kräftig zubeißen, aber bestimmt nur, weil der für einen Artgenossen gedachte Schnabelhieb ins dichte Gefieder träfe.

Frieden schließen kann man nach stürmischem Spiel leicht und gefahrlos mit dem Papagei, indem man die Fingernägel am Ast, der Tischkante oder an der Sitzstange reibt und so das Schnabelwetzen eines Papageien nachahmt. Das Schnabelwetzen an einem Gegenstand dient nicht nur der Reinigung, die nach jedem auch noch so kleinen Imbiß erfolgt, sondern auch der friedlichen Kontaktpflege zum Partner. Wetzen Sie Ihre Nägel, begleitet der Vogel Ihre Bewegungen sogleich durch das Wetzen seinen Schnabels möglichst nahe Ihrer Hand. Berühren Sie dabei leicht seinen Oberschnabel oder streicheln Sie den Schnabel gar leicht zwischen zwei Fingern, stimmen Sie den Vogel zärtlich. Ein vertrauter Graupapagei ist dann bereit, Sie liebevoll zu füttern. Mit schlangenartigen Bewegungen des Halses würgt er Futter aus dem Kropf hoch, sucht dabei mit einem Fuß einen Finger zu greifen und übergibt dann das Futter der festgehaltenen Hand. Manchmal neigt er sich auch über Ihr Gesicht, um naturgemäßere Stellen für die Futterübergabe zu finden. Moses quetschte mir die aufgeweichten Körner schon auf die Nase und hinter das Ohr. Doch meist nimmt er einen Finger zart in den Schnabel und legt auf ihm seine Gaben ab. Wenn bei dieser Zeremonie ein leises Fauchen ertönt, so dürfen Sie sicher sein, daß Ihr Papagei die zärtlichsten Gefühle für Sie hegt.

Imponiergehabe: Der große Verhaltensforscher Heinroth bezeichnet alle Verhaltensweisen von Tieren, die sowohl Drohen als auch Werben in sich vereinen, als Imponiergehabe. Da in Einehe lebende Papageien ihrem Partner ständig, nicht ausschließlich als Einleitung einer Brutperiode, mit werbendem Gebaren ihre Liebe beweisen, andererseits aber im Leben in der Schar kaum ohne Drohgebärden gegenüber anderen Artgenossen auskommen, ist es verständlich, daß der Graupapagei das arteigene Imponiergehabe auch als Heimvogel zeigt. Allerdings kaum im »Leerlauf« wie dies bei vielen Vögeln mit anderen Instinkthandlungen bemerkt wurde. Denn der Graupapagei gehört immerhin zu den intelligentesten Wesen der Vogelwelt und braucht Partner, um differenziert reagieren zu können. Hat sich ein Graupapagei innerhalb einer Menschenfamilie einer bestimmten Person innig angeschlossen, so wird er ihr bevorzugt seine Neigung durch werbende, aber auch durch imponierende Handlungen demonstrieren. Das Füttern des Menschenpartners mit aus dem Kropf gewürgten angedauten Körnern gehört zu diesen Neigungsbeweisen ebenso wie das zarte Beknabbern der Hände oder der Ohrläppchen, das vorsichtige Putzen der Wangen und die eindeutige Aufforderung, sich mit ihm zu beschäftigen, durch wiederholtes Klopfen auf einen Gegenstand mit dem Schnabel.

Reagieren Sie auf die Zuwendungsangebote Ihres Graupapageien – so oft und so intensiv wie möglich! Nur so können Sie ihm den fehlenden Artgenossen einigermaßen ersetzen.

Bücher und Adressen, die weiterhelfen

Bücher

(falls nicht im Buchhandel,
dann in Bibliotheken erhältlich)

Delpy, K.-H.: *Volieren. Planung, Bau und Einrichtung.* Landbuch Verlagsgesellschaft, Hannover
Grahl, W. de: *Der Graupapagei.* Eugen Ulmer Verlag, Stuttgart
Grahl, W. de: *Papageien.* Eugen Ulmer Verlag, Stuttgart
Hahn, U.: *Vogelkrankheiten.* Verlag M. und H. Schaper, Alfeld (Leine)
Low, R.: *Das Papageien-Buch.* Übersetzt und bearbeitet von K. Kolar. Eugen Ulmer Verlag, Stuttgart
Pinter, H.: *Handbuch der Papageienkunde* (Kosmos-Handbuch). Franckh'sche Verlagshandlung, Stuttgart
Schnabl, H.: *Wild-, Kulturpflanzen, Futtermischungen und animalische Futterstoffe zur Vogelernährung.* Albrecht Philler Verlag, Minden
Wolter, A.: *Papageien richtig pflegen und verstehen.* Gräfe und Unzer Verlag, München

Zeitschriften

Die Gefiederte Welt. Eugen Ulmer Verlag, Stuttgart
Die Voliere. Verlag M. und H. Schaper, Alfeld (Leine)
Papageien. Arndt-Verlag, Bretten
WP-Magazin, Europas größte Zeitschrift für Vogelhalter, Arndt-Verlag, Bretten

Adressen

Verbände

Graupapageienhalter, die züchten wollen oder sich regelmäßig über die aktuellen Entwicklungen bei der Haltung und Zucht von Großpapageien informieren und Erfahrungen mit anderen Papageienhaltern austauschen möchten, können (im deutschsprachigen Raum) dem nachfolgenden überregionalen Züchterverband beitreten:
BNA (Bundesverband für fachgerechten Natur- und Artenschutz e.V.), Postfach 1110, 76707 Hambrücken, www.bna-ev.de

AZ (Vereinigung für Artenschutz, Vogelhaltung und Vogelzucht); Arbeitsgemeinschaft der Züchter von Papageienarten (AGZ), Postfach 1168, 71501 Backnang (Anfragen nur schriftlich), www.azvogelzucht.de
Monatlich erscheinendes Fachblatt: AZ-*Nachrichten*

Fragen zur Tierhaltung beantworten:

Ihr Zoofachhändler oder der

Zentralverband Zoologischer Fachbetriebe Deutschlands NV. (ZZF), Rheinstr. 35, D-63225 Langen, Telefon (0 61 03) 91 07 32 (nur telefonische Auskunft möglich), www.zzf.de

Ein Gutachten über Mindestanforderungen an die Haltung von Papageien ist beim Bundesministerium für Ernährung, Landwirtschaft und Forsten erhältlich.

Wichtige Hinweise

Menschen, die an einer Feder- beziehungsweise Federstauballergie leiden, sollten keine Papageien halten. Fragen Sie im Zweifelsfall vor der Anschaffung den Arzt.
Beim Umgang mit Papageien können Verletzungen durch Beißen oder Kratzen vorkommen. Lassen Sie solche Verletzungen sofort vom Arzt versorgen.
Die Psittakose (Papageienkrankheit) gehört zwar nicht zu den häufigen Krankheiten der Papageien (→ Seite 39), aber sie kann bei Menschen und Papageien zum Teil lebensgefährliche Krankheitserscheinungen hervorrufen. Gehen Sie deshalb im Zweifelsfall mit dem Papagei zum Tierarzt, suchen Sie bei Erkältungs- und Grippeerscheinungen unbedingt selbst den Arzt auf und weisen Sie diesen auf die Papageienhaltung hin.

Sachregister

Die **halbfett** gesetzten Seitenzahlen verweisen auf Farbfotos. U = Umschlagseite

GU TIERRATGEBER

damit es Ihrem Heimtier gut geht

ISBN 3-7742-3908-8
64 Seiten | € 7,90 [D]

ISBN 3-7742-3839-1
64 Seiten | € 7,90 [D]

ISBN 3-7742-3826-X
64 Seiten | € 7,90 [D]

ISBN 3-7742-3957-6
64 Seiten | € 7,90 [D]

ISBN 3-7742-3907-X
64 Seiten | € 7,90 [D]

Tierisch gut! Die Welt der Heimtiere entdecken und alles erfahren, was man schon immer über sie wissen wollte. So klappt das Miteinander von Anfang an – mit Wohlfühl-Garantie fürs Tier.

WEITERE LIEFERBARE TITEL BEI GU:

- **Kanarienvögel** ISBN 3-7742-5584-9
- **Unzertrennliche** ISBN 3-7742-6410-4

G|U

Willkommen im Leben.

Änderungen und Irrtum vorbehalten.

Sachregister

Graupapagei und Gelbstirnamazone ▷